A DIVINA EUCARISTIA

– 2013 –

Nota explicativa

No início da terceira edição da presente coleção de uma parte dos Escritos e Sermões de São Pedro Julião Eymard, achamos por bem acrescentar um trecho do Prefácio à segunda edição francesa, feito pelo Reverendíssimo Padre Alberto Tesnière, Sacerdote Sacramentino que organizou esta Obra:

"O Reverendíssimo Padre Eymard deixou numerosas notas manuscritas sobre o Santíssimo Sacramento, notas que eram o fruto de suas orações e que serviam de base às suas pregações. Fazia o que ensinava; pregava como orava e aquilo que dissera a Nosso Senhor na intimidade do coração, repetia-o em alta voz para maior edificação e instrução dos seus auditores.

As notas estão tais quais no-las deixou o Padre Eymard. Apenas lhe acrescentamos, cá e lá, algumas modificações de estilo.

Às vezes, também, mudando a forma, pomos na boca do fiel se dirigindo a Nosso Senhor aquilo que o Padre dizia aos ouvintes.

Às meditações extraídas das notas do Padre Eymard ajuntamos algumas que foram recolhidas enquanto falava. Tal fonte não é nem menos pura, nem menos autêntica que a outra. O Padre Eymard lendo essas notas tomadas sob seu ditado, nelas reconheceu seu pensamento, sua mesma expressão. Eis a origem deste pequeno livro (e desta inteira coleção)."

Nihil obstat
Rio de Janeiro, 30 de maio de 1932

P. Tito Zazza, S.S.S.
Superior dos PP. Sacramentinos

Imprimatur
Por comissão especial do Exmo. e Revmo. Sr. Bispo de Niterói, D. José Pereira Alves
Petrópolis, 31 de maio de 1932

Frei Oswaldo Schlenger, O.F.M.

A DIVINA EUCARISTIA

Extratos dos Escritos e Sermões
de
SÃO PEDRO JULIÃO EYMARD

Fundador da Congregação do Santíssimo Sacramento
e das Servas do Santíssimo Sacramento

Tradução do Francês
de
Mariana Nabuco

3ª edição

Volume 3
(Retiro aos pés de Jesus — Eucaristia)

Fons Sapientiae

Distribuidora Loyola de Livros Ltda.
Rua Lopes Coutinho, 74 - Belenzinho
03054-010 São Paulo
Tel.: (11) 3322-0100
www.distribuidoraloyola.com.br

Visite nossas livrarias

Loja Senador
Rua Senador Feijó, 120 - Centro
01006-000 São Paulo, SP
lojasenador03@livrarialoyola.com.br

Loja Quintino
Rua Quintino Bocaiúva, 234 - Centro
01004-010 São Paulo, SP
lojaquintino05@livrarialoyola.com.br

Loja Campinas
Rua Barão de Jaguara, 1389 - Centro
13015-002 Campinas, SP
lojacampinas03@livrarialoyola.com.br

Loja Santos
Rua Padre Visconti, 08 - Embaré
11040-150 Santos, SP
lojasantos04@livrarialoyola.com.br

www.livrarialoyola.com.br

Introdução

Nem sempre é fácil fazer a apresentação de um escrito. Mais difícil se torna tal incumbência, quando, se trata de apresentar uma obra que foi escrita em outro tempo eclesial, uma vez que vivemos hoje a eclesiologia do **Vaticano II e de Santo Domingo**.

Mas os santos (entre eles **São Pedro Julião Eymard**) de ontem, de hoje e de amanhã são vencedores. São testemunhas do cordeiro de Deus e sinais da santidade de Igreja. Eles têm crédito. Ademais a Eucaristia é o Dom dos Dons. É nosso maior tesouro. É raiz e centro da comunidade cristã (cf AG 9; P06). "É fonte de vida da Igreja, penhor de futura glória; meio de chegar ao Pai" (cf UR 15). É preciso redescobrir a importância ímpar da Eucaristia na vida cristã: amá-la, recebe-la e adorá-la. (cf para isso NMI 35).

Felizes os que promovem o culto eucarístico, não só pelos livros, mas principalmente pelo exemplo da vida. Certamente não lhes faltarão as graças divinas.

Parabéns.

In Domino

+**Dom Carmo João Rhoden, scj**
/**Bispo Diocesano de Taubaté**

Bispado de Salamanca

Salamanca, 25 de outubro de 1872.

Meu caro Padre,

Tenho lido todos os pequenos fascículos que o Sr. me tem enviado. Neles encontro um perfume de piedade, de doçura e de amor semelhante àquele que respiram os escritos de São Francisco de Sales e de Santo Afonso de Liguori. O bom e sábio Padre Eymard bebeu sem dúvida destas belas fontes. Com que suavidade sabe ele atrair a alma, aproximá-la de Deus, uni-la a ele pelo aniquilamento de si próprio, e por sua vida toda de Jesus, por Jesus e para Jesus!

Eu vos agradeço, meu Padre, de me terdes forçado a ler estas páginas, todas ardentes do amor divino, e espero que elas sejam lidas e meditadas pelos fiéis cristãos, a fim de que Jesus reine em todos os corações.

A impiedade moderna pretende destronar Jesus Cristo e bani-lo do mundo: erijamos-lhe um trono em cada coração. Quanto mais os incrédulos trabalham por destruir o reino do divino Salvador sobre a terra, tanto mais devemos nós nos consagrar à sua dilatação, com o auxílio de sua divina graça.

Suplicai-a por mim, meu reverendo Padre, nos preciosos momentos que cada dia o Sr. passa a adorar aquele que é o autor e a fonte *sacramentada* por nosso amor, e recebei em troca, vós e vossa graciosa família eucarística, as bênçãos de vosso muito afeiçoado amigo e servidor *in Corde Jesu*.

Fr. Joachim,
Bispo de Salamanca

Prólogo

O presente e novo volume dos escritos de São pedro Julião Eymard, esperado com uma impaciência muito lisonjeira para nós, encerra quatro retiros de seis, sete ou oito dias cada um.

O primeiro foi composto pelo Santo, quando ainda Marista, para as Virgens da Ordem Terceira de Maria: já aí se sente um grande amor pela Eucaristia; mas é principalmente Maria, as virtudes, o espírito de Maria que o inspiram e devem santificar a alma durante esses dias de recolhimento.

O Santo escreveu os dois retiros que seguem depois de já ter fundado a Sociedade do Santíssimo Sacramento; ele queria traçar àqueles, que a divina misericórdia chamaria a essa vocação de amor, as grandes normas de sua santidade e, ao mesmo tempo, o espírito que deve animar e dirigir a quem quer santificar-se pela Eucaristia, viver da Eucaristia, e reproduzir em si a vida toda de imolação secreta e de amor-silencioso, mas consumante, que vive Jesus-Hóstia no augusto Sacramento de nossos altares.

O último, enfim, editado para as aspirantes da Congregação das Servas do Santíssimo Sacramento, completa os dois retiros precedentes e termina por pintar o que deve ser a alma eucarística.

Numa palavra, o caráter dominante de todos estes retiros é serem *Retiros no amor de Deus*. A alma que os seguir, atentamente, sentir-se-á conduzida docemente, suavemente, sem quase disto se aperceber, na bondade e no amor; ela se renovará na bondade, se inflamará de amor: sairá do cenáculo onde tinha repousado aos pés de Jesus-Eucaristia, ao lado de Maria, forte, corajosa e decidida a se dar sem reserva ao reino interior de Jesus.

Regulamento do retiro

A fim de não deixar às pessoas que quiserem seguir estes retiros o incômodo de fixarem para si um regulamento, reproduzimos aqui as linhas principais duma vida de retiro, traçadas pelo mesmo Padre Eymard.

Fixar a hora do levantar – Pela manhã – Antes do meio-dia, fazer duas meditações, ao menos de três quartos de hora cada uma. – Antes do almoço, exame particular.

Pela tarde – o terço, seguido duma meia hora de leitura espiritual. – A terceira meditação – Via-Sacra.

O espírito que deve reinar no exterior é silêncio, solidão, modéstia.

No interior: paciência, paz, oração.

Primeiro Retiro
de sete dias

Abertura do retiro

Aviso

Recitar o *Veni Creator*, a ladainha de Nossa Senhora. Pôr-se sob a proteção de São José e do Santo Anjo da Guarda.

MEDITAÇÃO PREPARATÓRIA

É-me muito necessário fazer um retiro – há muito tempo que não faço nenhum e preciso muito do retiro para reparar o passado, santificar o presente e preparar minha eternidade.

1.º - Para reparar o passado, isto é, fazer penitência e purificar minha consciência a fim de que nada, na hora da morte, me venha a preocupar.

2.º - Para santificar o presente, isto é, conhecer os obstáculos que se opõem ao meu progresso espiritual, à Vida de Jesus em mim; conhecer sobretudo os desígnios da Graça e do Amor de Deus a meu respeito e o caminho particular pelo qual me quer levar a Si.

3.º - Para preparar minha eternidade, isto é, preparar-me aos sacrifícios, ao sofrimento, à morte; pôr-me à disposição do bel-prazer de Deus, servindo-me de todos os meios que me quiser indicar e visando glorificá-lo na minha pessoa e na do meu próximo.

FRUTO: 1.º - Agradecer a Deus a Graça insigne do Retiro, Graça esta que contém em si todas as outras; e que, por si só, pode reparar o passado, e colocar-me, plena, inteiramente e para sempre, no estado de perfeição a que me chama Nosso Senhor e na disposição de receber, no momento oportuno, a Graça soberana da perseverança final. Quão bom é Deus!

2.º - Fazer este retiro com alegria: fazê-lo em preparação às núpcias celestes, à minha união íntima com Jesus Cristo, meu Esposo divino, união que perdurará por toda a eternidade.

3.º - Trazer boa vontade, disposta a sofrer tudo e fazer tudo que Deus me mostrar.

4.º - Observar, portanto, com fidelidade, o regulamento do retiro.

PRIMEIRO DIA

Aviso

1.º - Não cansar o espírito e a cabeça pela excessiva aplicação. Ver a Verdade de preferência a descobri-la. Nela se comprazer de preferência a discuti-la.

2.º - Evitar toda violência em relação aos atos do coração. Procurar antes comovê-lo por atos de humildade e de santa compunção.

3.º - Recolher-se suavemente em Deus por atos jaculatórios interiores e exteriores e evitar o trabalho e os esforços da imaginação para se representar Deus ou seus Mistérios, a menos que isto se faça naturalmente.

4.º - Contar com as provações que resultam das distrações, da secura, da impotência. Suportá-las, qual penitência; santificá-las pela nossa humildade, pela lembrança da Vontade de Deus, que quer ser glorificado em nossas enfermidades.

5.º - Anotar ligeiramente, depois de cada meditação, os sentimentos que nos tocaram, as provações que nos assaltaram, os meios que empregamos, a resolução tomada.

6.º - Evitar cuidadosamente as visitas desnecessárias, as ocupações aptas a dissipar o espírito ou absorvê-lo demasiadamente.

Guardar silêncio e portar-se com grande modéstia, como estando na Presença de Deus e no seu Santuário.

PRIMEIRA MEDITAÇÃO

Bondade de Deus na minha criação

1.º - Deus criou-me no seu Amor, no seu Eterno Amor.

2.º - A Bondade toda paternal da sua Providência conservou-me por entre mil perigos e colocou-me em condições favoráveis de salvação.

PRIMEIRO FRUTO: 1.º - Agradecer a Deus ter-me dado inteligência para conhecê-lo, coração para amá-lo, liberdade para elegê-lo, vontade para obedecer-lhe.

2.º - Pedir perdão a Deus pelo abuso de tão sublimes faculdades.

3.º - Consagrar-lhas novamente.

SEGUNDO FRUTO: 1.º - Por quantos perigos não passei eu na minha infância, na minha mocidade e até hoje. Milagres de preservação que se repetem a todo o instante.

2.º - A vida é uma Graça – é a semente de Glória – é a glorificação livre de Deus. Quantas ações de graças não devo eu a Deus por tantos e tão belos anos.

3.º - A divina Providência deu-me uns pais excelentes. Uma educação boa, uma posição vantajosa para operar minha salvação. Que darei a Deus em troca de tão insignes benefícios?...

Devo dar-me toda a Deus, meu Criador; amá-lo como meu supremo benfeitor; consagrar-lhe inteiramente os poucos anos, os poucos dias que sua divina Bondade ainda me concede para rematar minha coroa de justiça e tributar-lhe a glória que se propôs ao criar-me.

SEGUNDA MEDITAÇÃO

Bondade de Deus na minha santificação

Deus amou-me mais que a milhões de outras criaturas...

1.º - Ele me predestinou gratuitamente, desde toda a eternidade, à Graça da Fé e à Glória do Céu...

2.º - Ele me escolheu por entre um grande número de outras criaturas – dando-me pais cristãos, educação piedosa, preservando-me dos escândalos do espírito mundano. Minha posição livre; o estado de virgindade; as vantagens da vida religiosa; os socorros espirituais; os favores sem número na minha vocação à Fé!

FRUTO: 1.º - Se o amor pede amor, devo amar continuamente um Deus que me amou desde sempre. Sou eterna no seu Amor. Tê-lo-ei sempre amado?

2.º - Se o benefício pede gratidão, o benefício permanente pede uma gratidão habitual. Ah! Jamais compreenderei toda a Bondade de Deus para comigo. Seria preciso compreender-lhe o Infinito Amor.

3.º - Se Deus foi tão bom comigo, foi para me obrigar a amá-lo, a servi-lo acima de todas as coisas, a servi-lo por amor soberano, a servi-lo com todas as minhas forças.

Não viverei, portanto, senão para Deus, meu Salvador. Jesus Cristo será o Deus do meu pensamento, das minhas ações, dos meus prazeres, das minhas esperanças.

TERCEIRA MEDITAÇÃO

Bondade de Deus na minha predestinação à Glória

Deus só me criou para o Céu.

1.º - Para me tornar participante da sua Felicidade plena, da sua Glória Eterna.

2.º - Para me tornar digna do Céu. Ele, a mim, só uma coisa pede: que o ame com todo o meu coração acima de tudo e para sempre, que o sirva por Jesus Cristo e com Jesus Cristo, seu divino Filho e meu doce Salvador.

3.º - Ora, para ganhar o Céu, Ele me dá a vida presente – vida esta que pode acabar a qualquer momento.

FRUTO: 1.º - Devo considerar-me cá na terra, qual estranha, exilada, viajante, e no Céu, ver minha família, minha pátria, o Reinado do meu Pai.

2.º - Devo agradecer a Deus dar-me Ele o Céu em recompensa dum serviço e dum amor que já lhe devo por tantos títulos, sem o menor direito a prêmio algum.

3.º - Devo lembrar-me dos Santos que na minha idade já se tinham elevado, às alturas do Céu. Quanto a mim, apenas principiei a tecer a minha coroa. Quero, ó meu Deus, começar hoje mesmo.

DIRETÓRIO DO PRIMEIRO DIA

Exame particular sobre os meus exercícios de piedade

1.º - Sou-lhes eu sempre fiel? Mormente nos tempos de provações espirituais, de pesar, de tentação?

2.º - Sou exata em praticá-los na hora marcada e segundo o modo que me foi prescrito?

3.º - Quais são aqueles que me inspiram simpatia, antipatia?

4.º - Viso eu a meu fim particular nos exercícios de piedade?

LEITURA ESPIRITUAL, *Imitação de Cristo*, L. I – c. I, III, XVIII, XIX.

VIA-SACRA

Meditar, em cada estação, o Amor de Jesus Cristo, os sofrimentos, pormenores que padeceu por nós. Limitar-nos só ao pensamento do seu Amor. Por exemplo: 1.ª Estação. Jesus condenado à morte. Ele foi o primeiro a se condenar, a oferecer-se livremente. E isto para me provar seu Amor, dar-me a Vida em troca de sua Morte, tornar-me a morte amável, etc.

SEGUNDO DIA

Aviso

1.º - Pedir a Jesus Cristo que nos faça participar um pouco da sua tristeza no Jardim das Oliveiras, e chorar com Ele os nossos pecados.

2.º - Quanto a estes não convém entrar em pormenores, a não ser que a Graça de Deus a tal nos conduza calma e contritamente. A nós vê-los na Misericórdia Divina, e não em nós mesmos.

3.º - Começar a Confissão.

4.º - Sofrer em espírito de penitência as provações do retiro – esse segundo dia é muitas vezes bem penoso.

PRIMEIRA MEDITAÇÃO

Deus e o mundo

I

1.º - O mundo não é nada. Só Deus é tudo.

2.º - O mundo nada tem de bom, de estável. Seus bens não passam de vaidade, decepção, amargura. Suas promessas são estéreis, falsas e pérfidas. Suas honras, seus prazeres, sua amizade geram a escravidão, o pecado, a apostasia. Só Deus possui o verdadeiro bem. Suas promessas são divinas. No seu Serviço só se encontra honra, prazer puro e perfeito.

3.º - Tornando-me culpada, o mundo só me poderá tornar infeliz. Mas Deus, tornando-me santa, me tornará feliz. É justo, pois, que deixe o mundo por Deus.

II

Deus, na sua Bondade divina, me ajuda a me separar do mundo. Se, porém, eu me entregar demasiadamente ao espírito do século, me castigará. Ele me fará sofrer nas criaturas, para que a elas não me apegue, e me inspirará repugnância por tudo o que não for Deus. De tudo me afastarei.

Concede-me a Graça de compreender que Ele é meu único bem, meu único fim e que, para mim, o mundo não passa dum Calvário.

FRUTO. Com São Paulo estarei crucificada para o mundo e o mundo estará crucificado para mim.

O mundo esqueceu, desprezou, perseguiu a Jesus Cristo, meu Deus, meu divino Esposo. Quero ser tratada como Ele. Lutarei com todas as minhas forças contra todo e qualquer afeto desregrado em relação à criatura. Precaver-me-ei contra as afeições por demais naturais. Ocupar-me-ei no íntimo do meu coração, não das criaturas, mas sim de Deus e do próximo em Deus.

SEGUNDA MEDITAÇÃO

Deus misericordioso

1.º - Bondade de Deus ofendida, esperando-me para fazer penitência. Estaria, há já muito tempo, no inferno, se sua Misericórdia não me tivesse como que ocultado aos Olhos da Justiça que, desgraçadamente, tantas vezes ofendi.

2.º - Bondade de Deus, em me proporcionar as Graças de me voltar a Ele. Graças exteriores: bons exemplos, conselhos sábios, lições úteis e fortes! Graças interiores: impulsos da Graça, inspirações do divino Espírito Santo, admoestações ouvidas interiormente do Amor de Deus abandonado, tristezas íntimas que me advertiram do meu estado desolador. Eram outras tantas lamentações do Espírito Santo, chamando-me novamente ao seu Amor, gemidos do Coração de Jesus ante minhas infidelidades. Era o Deus cheio de Amor, embora aparentando severidade, que me queria ver aos seus pés, qual filho pródigo, e me perdoar e apertar contra seu Coração paternal.

A ameaça do inferno era o grito de desolação da misericórdia, o raio de graça que me ia despertar e lançar nos braços do meu Pai celeste.

FRUTO: 1.º - Agradecer a Bondade toda paternal de Deus pela extrema Paciência que teve para comigo de preferência a tantas outras almas.

2.º - Reparar a minha pouca correspondência a tantas graças.

3.º - Fazer ato de abandono e de amor.

TERCEIRA MEDITAÇÃO

Deus e eu

I

Bondade de Deus em perdoar os meus pecados.

Ofendi muito a Deus. Ofendi-o pelo meu espírito tão cheio de orgulho e de vaidade; pela minha vontade tão renitente: pelo meu coração tão ingrato; pela minha imaginação tão má; pela minha memória, tão hábil em se lembrar daquilo que desagrada a Deus; pelos meus sentidos exteriores; pela minha língua, tão pronta a falar e a julgar.

Ai de mim, ó meu Deus! Eis como empreguei os dons do vosso Amor, que me foram concedidos unicamente para vosso Serviço e vosso Amor! Eis minha ingratidão. E quanto aos vossos benefícios, utilizei-me deles contra vós. Abusando da obra das vossas Mãos, viciei-a.

Ah! Por que não me abandonastes então como ao anjo rebelde? Por que não me renegastes, não me afastastes da vossa Presença qual objeto de maldição?

E, apesar de toda a minha malícia, ainda me amais. Atraindo-me aos vossos pés, lançastes no fundo do mar todos os meus pecados para não mais os ver, para os envolver num eterno esquecimento. Tornastes-me numa nova criatura, lavando-me nas vossas Lágrimas e no vosso Sangue. Tomando a vós os meus pecados, os expiastes na vossa Carne, no vosso Coração, na vossa Pessoa Divina!

Ah! Deus Salvador de minha alma! Faltam-me palavras para exprimir o que me vai n'alma, enquanto meu coração padece por não vos poder tampouco exprimir o seu reconhecimento, os seus desejos, o seu amor.

II

Bondade de Deus nas circunstâncias que envolveram o meu perdão. É uma Graça tão grande que, por si só, devia bastar para triunfar do meu coração. Estar livre do remorso, da escravidão, do pecado; não estar mais às portas do inferno; gozar da liberdade, da paz; tornar-me novamente filha de Deus, herdeira do Céu, não bastará isto para que eu bendiga a Bondade de Deus, toda a minha vida, sacrificando-me em reconhecimento de Graças tão elevadas.

Ah! Não basta a Deus ter-me perdoado, apagando todas as minhas dívidas e restituindo-me a liberdade dos seus filhos! Ele quer ainda me tratar qual filha dileta, como se nunca o ofendera. Quer me fazer gozar novamente de sua amizade primitiva, abrir-me todos os seus tesouros e fazer-me participar dos favores que concedeu aos santos que lhe foram sempre fiéis. Quer fazer de mim o mais belo troféu da sua Misericórdia e do seu Amor.

Ó meu Deus, esqueceis os direitos da vossa Justiça ofendida, da vossa Glória desprezada. Esqueceis que fui uma ingrata, uma infiel!...

E que hão de dizer os Anjos e os Justos? Publicarão comigo a infinita Misericórdia de Deus, o triunfo do seu Amor.

FRUTO: 1º - Darei ações de graças pelos Anjos, pelos Santos, por Maria, por Jesus Cristo.

2º - Farei doação plena de mim mesma.

3º - Entregar-me-ei a todos os pesares, a todas as penitências, a todos os sacrifícios, a fim de provar a Deus minha contrição, meu amor penitente.

DIRETÓRIO

EXAME PARTICULAR: Sobre as simpatias e antipatias.

1.º - Quais são as minhas simpatias e antipatias naturais? Quais os seus caracteres e os seus efeitos?

2º - Quais os meios a empregar para lhes paralisar o efeito moral, para trocá-las em virtudes?

LEITURA ESPIRITUAL. *Imitação de Cristo.* L. I – c. XXI, XXII

VIA-SACRA

Meditar em cada estação sobre Nosso Senhor Jesus Cristo expiando um dos nossos pecados em particular.

1.ª - Jesus expia nossos pecados contra a caridade, oprimido pelas humilhações, acusado pelas calúnias perante o tribunal de Pilatos.

2.ª - Jesus expia nossos murmúrios, nossas impaciências em presença das cruzes que nos envia em sua Infinita Misericórdia.

3.ª - Jesus padece pelos primeiros pecados da nossa infância.

4.ª - Maria sofre com Jesus pela nossa salvação, oferecendo-se para morrer com Ele a fim de nos livrar do inferno.

5.ª - Simão, o Cireneu, constrangido, leva a Cruz de Jesus, que expia assim nossas resistências à Graça.

6.ª - Verônica, enfrentando os insultos e os maus-tratos dos carrascos, vai consolar a Jesus e enxugar-lhe a Face adorável, coberta de escarros, de Sangue, de Chagas. Jesus expia assim nosso respeito humano, nossas vaidades, nosso orgulho.

7.ª - Jesus cai uma segunda vez para expiar nossas recaídas no pecado e obtermos a Graça de nos erguer novamente com Ele.

8.ª - Jesus consola as filhas desoladas de Jerusalém. Expia nossos pecados de insensibilidade, de indiferença ante a ofensa feita a Deus.

9.ª - Jesus cai uma terceira vez para expiar o abuso dos Sacramentos e a inutilidade de sua Paixão em relação a um grande número de almas.

10.ª - Jesus padece todas as dores no seu despojamento cruel, expiando nossas sensualidades exteriores.

11.ª - Jesus é crucificado, expiando nossa falsa liberdade, a sensualidade da nossa piedade, do nosso amor.

12.ª - Jesus morre e, ao morrer, lega-nos sua santíssima Mãe. Ele tem sede de sofrimentos ainda maiores a fim de nos provar o seu Amor. Passa por cruciantes abandonos interiores para que tenhamos, por nossa vez, a força de tudo suportar. Inclina, ao morrer, a Cabeça, fitando-nos os Olhos para nos perdoar, nos amar mais uma vez. Façamos ato de reparação.

13.ª - Jesus é descido da Cruz. Compadeçamo-nos de sua Mãe desolada. Mostremos-lhe as Chagas de Jesus como outros tantos títulos ao seu Amor materno.

14.ª - Jesus é amortalhado. Saibamos sepultar-nos com Ele, para viver de sua vida simples e oculta.

TERCEIRO DIA

Aviso

Reler os avisos do primeiro dia.

PRIMEIRA MEDITAÇÃO

Jesus chama-me a segui-lo

Jesus é o Filho único de Deus, a Sabedoria, a Imagem substancial do Pai Celeste, a Glória, a Alegria dos Anjos, o Vencedor de satanás, o Rei do Céu e da terra. E esse bom Jesus quer amar uma criatura humana até dela fazer o prodígio de sua Graça, o objeto privilegiado de sua Ternura, a esposa do seu Coração. Então, ei-lo, o grande Deus de Bondade que desce à terra, faz-se Homem por associar-se à criatura eleita, com ela viver, e lhe comunicar, pela sua Santa Humanidade, as riquezas de sua Divindade.

E quem será essa ditosa criatura? A quem caberá tamanha felicidade e glória? Atenção, ó minha alma,

Jesus está a chamar alguém e a chamá-lo pelo nome. Ah! És tu! Mas como, meu Deus? Será possível que eu seja conhecida de vós e mereça tal felicidade? E respondeis: "Vem a mim, ó criatura privilegiada; Eu sou teu Criador, e teu fim último. Vem, ó filha dileta. Eu sou teu Salvador. Venho livrar-te da escravidão do pecado, da tirania do demônio, da tua condenação ao inferno, da mísera eternidade que teus pecados te mereceram. Vem a mim, irmã e esposa do meu Coração. Quero reinar em ti e que reines comigo. Quero compartilhar contigo dos meus Bens, da minha divina Ciência, da minha Santidade, da minha Divindade, da minha Glória. Pede-me tudo quanto quiseres e Eu to darei. Foi para ti que criei o mundo; para ti que criei os céus com todas as suas magnificências; para ti que decretei, desde toda a eternidade, minha união com a natureza humana pela Encarnação; para ti que subi ao Calvário; para ti que estabeleci minha Igreja; a fim de que, por ela, me possa chegar a ti qual mãe terna e sempre viva. Eis os meus dons. E que me darás tu em troca? Sou um Deus cioso. Preste atenção às condições desse contrato que quero firmar contigo. Pese-as. São as dum esposo soberano.

O esposo dá seu nome à esposa. Eu também te darei o meu para marcar meus direitos sobre ti e te tornar nobre da minha glória. Mas perderás o teu próprio. Entre esposos reina a comunhão de bens. Podes gozar dos meus bens, quero também gozar dos teus. A esposa ocupa a posição do esposo, e isto, além de lhe constituir um dever, é-lhe motivo de glória. E Eu sou pobre, nesta vida passageira. Deverás participar da minha pobreza, enquanto minha Graça e meu Amor serão tua única riqueza.

Sou humilde e humilhado no meio do mundo. Precisas também ser humilde e humilhada comigo. Sou objeto do desprezo e das perseguições do mundo. Tu também o serás. Sofro. Precisas ser crucificada comigo e trazeres os estigmas de minhas Chagas Divinas. Minha Vida foi uma Cruz contínua e é pela Cruz que vivo e reino na alma que se quer dar a mim. Antes de lhe testemunhar o meu Amor, provo-a, pareço abandoná-la, deixá-la entregue às suas misérias e à ação dos demônios infernais. Antes de lhe dar a recompensa da vitória, dispenso-lhe minhas Graças abundantes enquanto a crucifico no auge do meu Amor.

Tais são, minha filha, as condições impostas. Não te atemorizem as provações. Eu mesmo serei teu sustentáculo. Não te amedrontem os sacrifícios, serão tua alegria e felicidade; pese o peso imenso de minha Glória; mede a Eternidade do meu Reino celeste; compreenda os Mistérios do meu Amor, o preço de tua aliança e então poderás julgar. Eu fico à tua espera.

Ó meu Deus, Deus único do meu coração, graças eternas vos sejam dadas por me teres escolhido e chamado a vós. Aceito incondicionalmente esse contrato divino. Seguir-vos-ei por toda parte, enquanto reinareis sobre meu coração e sobre toda a minha vida.

(Renovar aqui o voto de castidade, caso já tenha sido feito.)

SEGUNDA MEDITAÇÃO

Seguir a Jesus com Maria

Jesus tem sempre sua divina Mãe consigo, e nunca dela se separa. Maria é o elo que nos une a Jesus. Maria é a Vida de Jesus que se torna maternal para comigo, fraca e imperfeita que sou. Maria é a Graça de Jesus. É o Espírito de Jesus que se forma em mim pela Bondade e Ternura de sua divina Mãe. Numa palavra, Maria é minha aia celeste, minha Mãe segundo a Graça, que me elevará e formará no Espírito, na Santidade, no Amor de Jesus.

A mim, pois, cabe seguir e amar a Maria, como o filho segue e ama a Mãe. Deverei, portanto, viver do seu Amor por Jesus. Ora, esse Amor de Maria por Jesus tem três caracteres:

1.º - É um Amor soberano. Maria só a Jesus ama, só em Jesus se ama a si mesma e só por Jesus ama ao seu próximo. Tal deve ser a minha regra.

2.º - É um Amor puro, isento de toda a imperfeição, de toda busca de si mesma, de todo amor-próprio. Maria só quer a Jesus. É um amor puro de toda a procura de si mesma. Maria só vive em Jesus. É um amor isento de todo desejo, de toda vontade própria, de todo sentimento pessoal. Maria só deseja uma coisa: imolar-se pelo amor e pela glória de Jesus. Ah! quão longe está o meu amor do amor de Maria!

3.º - É um amor generoso, incondicional. Pronta a seguir a Jesus por toda parte, a partilhar de todas as suas privações, de todos os seus sacrifícios, foge com o Menino Deus para o Egito no meio dum povo idólatra, inóspito e cruel. Quer partilhar da sua pobreza e dos seus trabalhos. E na missão divina do seu Filho só a vemos aparecer nos momentos de humilhação, de calúnias, de perseguição. Então aparece para sofrer com Ele. Seu amor, mais forte do que a morte, fá-la-á galgar o Calvário para que repercutam em seu coração os golpes que ferem a Jesus. Triunfando da morte, seu amor a levará a sobreviver à agonia de Jesus, a consumir-se durante alguns anos na terra longe do seu Bem-amado.

Ó Maria, permanecei junto aos vossos filhos do Calvário. Jesus os deixou. Que será deles sem sua terna Mãe? Vós nos sois necessária para falar-nos do nosso Pai, no-lo dar a conhecer, no-lo fazer amar e nos incutir seu espírito, suas virtudes, sua Vida. Levai-me ao meu Salvador. Pertenço-vos, ó minha Mãe, sou vossa e toda vossa para sempre.

(Renovar a consagração a Maria.)

TERCEIRA MEDITAÇÃO

Vida de Jesus e de Maria em mim

Nos Eleitos o Pai coroa seu Filho. Se eu quiser alcançar a Glória celeste, devo viver da Vida de Jesus. Jesus deve, pois, ser a regra de minha vida. Medita, ó minha alma, nos princípios da Vida interior e exterior de Jesus. Aí encontrarás para ti a Vida de Deus, a Vida Eterna.

(A Vida interior de Jesus opera de três modos: pelo espírito, pelo coração, pela inspiração, ou seja, o móvel interior das ações.)

I

Vida do espírito de Jesus. Seus pensamentos eram todos em Deus e de Deus. Nunca perdia de vista a Deus. Sua Alma via a Deus, a sua Providência, a sua Sabedoria, a sua Bondade, e o seu Poder em todas as criaturas. Daí a facilidade com que se entretinha com o Pai, se conservava unido a Ele no meio das ocupações mais dissipantes e variadas e passava espontaneamente da ação à contemplação.

Maria pensava sempre em Jesus – todos os seus pensamentos a Ele convergiam. Ela estava incessantemente a meditar nas suas Palavras divinas que lhe eram luz, verdade e vida.

Ó minha alma, imita a Maria; pensa em Jesus, no seu espírito, na sua graça, nas suas virtudes, no seu Amor. E, para isso, viva em Jesus, trabalhe para que sua lembrança te seja habitual e sua Presença familiar. Então todos os teus pensamentos serão razoáveis, santos, fecundos. Não nos disse o Espírito Santo que "quem se apegar ao Senhor terá um mesmo espírito com Ele"?

Princípio de julgamento de Jesus. No lugar do Pai, julgava o Filho. "Julgo, dizia Ele, segundo o que ouço." Jesus conhecia o Juízo de Deus, seu Pai, sobre cada coisa, cada pessoa, cada acontecimento e sobre tudo dava um parecer sagaz, justo e eqüitativo.

E Maria de tudo julgava no julgar de Jesus, pedindo-lhe conselho em todas as coisas. Eis porque ela é Rainha da Sabedoria.

Ó minha alma, donde provêm teus falsos juízos, teus erros? Provêm de que não consultaste a Jesus como Maria tua Mãe. Se, antes de opinar, te tivesses perguntado: "Que pensa Jesus de tal coisa? Como a havia de julgar?" Nunca te terias afastado da verdade e da caridade no teu juízo.

II

Vida do Coração de Jesus. O amor acompanha o pensamento. O coração ama o que o espírito estima. Ora,

Jesus, unido ao Pai pelo Espírito, o estava também perfeitamente pelo Coração. Vivia do Amor do seu Pai e para esse Amor. Tudo fazia por amor, tudo sacrificava ao Amor de Deus. Procurar-lhe a Glória, reparar as injúrias feitas à Majestade divina, tornar o Pai conhecido, servido, amado por todas as criaturas, tal era o fogo que vivificava e consumia o Coração de Jesus; era-lhe o alimento, a vida. Então não ouvia nem a natureza, nem as suas repugnâncias. Amar ao Pai, torná-lo amado, eis tudo o que era Jesus.

Assim também era a vida do sagrado Coração de Maria. Amar a Jesus, viver para Jesus, sofrer por Ele, torná-lo conhecido e amado por todos os corações, consagrar-lhe todos os movimentos do seu próprio Coração, era todo o amor de Maria.

E quanto a ti, ó minha alma, qual é o princípio de vida que anima o teu coração? Vive Jesus em ti? Procura examinar teus pensamentos habituais e se verificares que descansam em Jesus, ou visam a Jesus, então tu o amas na verdade.

Quais são os teus desejos, quer espontâneos, quer suaves, quer fortes? Se convergem para o Serviço ou a Glória de Jesus, então tu o amas soberanamente.

Quais são os teus medos, as tuas tristezas? Se provêm unicamente de teres ofendido a Jesus e perdido o seu Amor, então amas a Jesus de fato.

Para onde se dirigem as impressões primeiras do teu coração, as tuas primeiras alegrias? Se se dirigem a Jesus, amas a Jesus. Onde estiver o teu tesouro, aí estará também o teu coração.

Quem dá forças no combate? Quem te impele ao sacrifício? Quem te consola na tristeza? Quem te acalma na agitação? Quem tem o segredo dos teus pesares? Será Jesus? A quem procuras em primeiro lugar na ingratidão? E no abandono das criaturas? Consola-te, então, e regozija-te. Amas sobrenaturalmente a Jesus. Ele é o centro de tua vida e do teu coração.

III

Princípio interior da ação de Jesus. Por si mesmo Jesus nada fazia. Operava sempre de acordo com um Princípio Divino. O Espírito de Deus era a Alma da sua Alma. É porque dizia: "Por mim mesmo nada posso. Aquilo que faço, é o Pai, permanecendo em mim, que o faz." Por si mesmo o Filho do homem nada pode fazer, mas sim aquilo que vê o Pai fazer.

Maria só operava movida pelo Espírito de Jesus, imitando-lhe os atos, unindo as suas ações às ações de Jesus. E assim tudo quanto fazia, fazia-o com perfeição.

Para tornar-se interior e semelhante a Jesus e Maria, que não te contente o simples estado de Graça, mas que o espírito da Graça te mova. Dar-te-ei algumas regras nesse sentido, que observarás cuidadosamente.

Não deves prevenir o impulso do espírito da Graça em ti, mas sim esperar que se manifeste para então segui-lo. Deves suspender, reprimir e mortificar toda atividade natural até que Deus se declare e te mostre o que quer que tu faças ou digas no momento, em relação às coisas, ao tempo, à maneira. Não procures nos deveres que te forem agradáveis senão gozar unicamente da Vontade de Deus que os ordena, pronto a interrompê-los, a largá-los caso Deus peça outros, embora te inspirem repugnância.

Numa palavra, deves ser um instrumento nas Mãos de Deus, disposto a sempre fazer tudo o que for do seu agrado. Eis aí o segredo da Vida de Deus. O cuidado em operar pela Graça, em se conservar unido à Graça é o que transforma nossas ações, por menores que sejam, em outras tantas ações divinas por serem mais de Deus do que de nós mesmos. Então maior valor terão muitas vezes um suspiro, uma palavra, uma simples elevação do espírito, do que um ato maior e mais difícil, inspirado pelo fervor, e embebido de nossa própria vontade.

Não percas nunca de vista esses grandes princípios cristãos, ó minha alma. Sejam eles a regra de toda a tua vida, como serão a medida dos teus méritos e a prova da Vida de Jesus em ti.

DIRETÓRIO

EXAME PARTICULAR. Sobre o defeito dominante.

1.º - O meu defeito dominante é a fonte de todas as minhas culpas, o obstáculo maior ao meu progresso espiritual. E qual será?

2.º - Seus sinais. É aquele que maior número de pecados – mormente os de afeição – nos faz cometer. É aquele que provoca em mim desejos violentos e tenazes. Que me inspira alegria ou tristeza. Aquele que mais me censura a Graça. Que se amolda ao meu modo de pensar, de sentir, de operar naturalmente. Aquele que constitui o fundo do meu caráter.

3.º - Os meios para combatê-lo. Quais são os que empreguei? Foram bem-sucedidos?

LEITURA ESPIRITUAL. *Imitação*. L. II – c. VII, VIII.

VIA-SACRA

Em cada estação, ver a Jesus dando-nos o exemplo duma virtude particular, da humildade, por exemplo.

1.ª - Jesus é condenado à morte como blasfemador, sedicioso, celerado. E Ele aceita calmo e em paz toda humilhação. Não se justifica, mas confessa simplesmente a Verdade. Não apela para nenhum outro tribunal. Não ameaça. É um cordeiro.

2.ª - Jesus leva a Cruz. Cruz humilhante, infame. Toma-a com amor, carrega-a com coragem, desposa-a. Amor das cruzes humilhantes, ocultas etc.

QUARTO DIA

Aviso

1.º - Reler os avisos do primeiro dia.

2.º - Acabar a Confissão.

3.º - Conservar-se num recolhimento ainda maior, se for possível. Agora, de preferência, é Jesus que falará à alma, mais que a alma fala Jesus.

4.º - Evitar de lançar um olhar inquieto ao passado. Meditar nesse dia nas disposições em que devemos estar para seguir fielmente a Jesus. Uma consiste em pôr toda a sua força na confiança em Jesus; outra, em tudo fazer no espírito de recolhimento.

PRIMEIRA MEDITAÇÃO

Força na confiança em Deus

Por mim mesma nada posso para minha salvação. Sem Jesus nada saberei fazer que seja agradável a Deus e meritório para a Vida Eterna. Mas posso tudo na Graça de Deus. Minha confiança em Deus será, pois, a medida da minha força e da santidade. E sobre que base repousará essa minha confiança?

1.º - Repousará na Bondade da divina Providência para comigo. Deus me ama. Dirige, pela sua Bondade, os meus caminhos e tudo ordena na minha vida para meu maior bem. Devo, portanto, ter certeza de que tudo quanto me acontece vem de Deus, vem da sua Bondade: saúde ou doença; alegrias ou tristezas no seu santo Serviço; consolações e desolações; êxitos bons ou maus. A divina Providência governa a minha nave, impele a minha vela, suscita a calmaria ou a tempestade. Todo o meu dever está, por conseguinte, em confiar-me ao meu divinal Piloto, que me conduzirá seguramente ao porto da pátria celeste.

2.º - Repousará na Misericórdia de Deus. Pequei, e pequei gravemente. Tenho uma dívida para com a Justiça Divina. A Cólera de Deus, o inferno me inspiram medo. Onde me refugiar? No manto da Misericórdia Divina que Jesus estende sobre mim, no Coração de Jesus que se me abre.

Mas, como saldar a minha dívida? Com os Méritos do meu Jesus, com o Amor que Ele me tem e o amor que eu lhe tenho. Ele me diz, como a Madalena: "Filha, tem confiança, teus pecados te foram perdoados". Que consolo nestas palavras! A Misericórdia divina do Salvador imprime-me o selo de propriedade. A ti cabe, ó minha alma, não o partires jamais. Ele estende o manto de sua Misericórdia sobre as tuas misérias passadas; não procures mais mexer nesse lodaçal do pecado ido, mas baseia tua confiança na Infinita Misericórdia de Jesus. Se o medo te quiser perturbar, espera ainda em Jesus, que te amou quando tu ainda não o amavas. Nos teus receios, confia em Jesus, teu Salvador. Nas tuas perplexidades repousa em Jesus. – Será a mais bela homenagem que poderás prestar à sua Bondade. Não deves nunca esquecer que a confiança filial na Misericórdia de Deus é a Graça que garante, de modo mais seguro e perfeito, a tua justificação.

3.º - Repousará na Graça de Deus nas tentações. Lembra-te, ó minha alma, que é Deus quem permite e quer a tentação que te aflige, e que o demônio, por si, não tem poder algum sobre ti. Se Deus lhe permite tentar-te, é para lhe mostrar que és toda de Deus e te proporcionar a ti mesma uma grande ocasião de provar tua fidelidade. Deus quer também dar-te a oportunidade de recobrar do demônio as vantagens que ele porventura adquirira outrora sobre ti. É, finalmente, para centuplicar os méritos de tua vida.

A tentação é, portanto, antes uma Graça que uma aflição, por nos facilitar a exercer as maiores virtudes e adquirir inúmeros méritos. Não a deves, pois, recear, ó minha alma. Receia, sim, tua fraqueza, teus esmorecimentos, mas espera na Graça de Deus. Mais vale a glória do combate que a da paz.

4.º - Repousará na Graça de Deus para alcançar a perfeição a que nos chama. Perfeição sublime e grande, ó minha alma, é renunciar inteiramente ao mundo e a ti mesma em tudo. É preferir Jesus na Cruz a Jesus no Tabor. É te crucificar com esse Esposo de Sangue. É amá-lo com amor cordial, soberano, absoluto.

Mas como atingir tão elevada perfeição? Ouve Jesus dizendo aos seus Apóstolos: "Tende confiança em mim.

Eu venci o mundo". Aí está tua vitória. Ouve-o dizendo-lhes ainda: "Estarei sempre convosco", e a Paulo, amedrontado com a violência das tentações: "Minha Graça te basta; a virtude se aperfeiçoa na enfermidade", enquanto pergunta a Pedro: "Amas-me mais que todos?".

Ó minha alma, exclama, pois, com o grande Apóstolo: Não, nada posso por mim mesma, mas eu posso tudo em Jesus, que me fortifica, que combate comigo, que age, que triunfa em mim.

SEGUNDA MEDITAÇÃO

Recolhimento exterior

Para chegar a Jesus, preciso passar pelo meu coração; para ouvir-lhe a voz, preciso prestar-lhe os ouvidos da minha alma. Para viver com Jesus, preciso permanecer com Ele no santuário que se reservou em mim. O recolhimento é, pois, necessário à minha vida em Jesus.

Em que consiste esse recolhimento?

Há o recolhimento exterior e o interior. Ora, o exterior está no amor à solidão, ao silêncio e à modéstia do corpo.

I

Solidão. Deus não gosta da agitação, nem faz ouvir sua voz no bulício do mundo. Quer calma, paz e por isso nos diz: "Conduzirei a alma dileta ao ermo e aí lhe falarei ao coração". "É no silêncio e no repouso, diz a *Imitação*, que a alma piedosa progride. Aí descobre os mistérios ocultos da Palavra divina, aí encontra riachos de lágrimas onde, todas as noites, se lava e purifica. Então se tornará tanto mais familiar com Deus quanto mais afastada estiver do tumulto mundano. Se, pois, uma alma se separar dos seus amigos e das pessoas de suas relações, Deus se chegará a ela em companhia dos seus Anjos. Mais vale conservar-se escondido, cuidando de sua perfeição, do que fazer milagres e se descuidar de si" (Liv. I, c. XX n. 6).

Evita o mundo, tanto quanto puderes, ó minha alma. É tempo perdido aquele que se lhe consagra. A alma dissipa-se; o coração fica preso ou se macula; a piedade murcha; a virtude se enfraquece. Ah! Economiza teu tempo, que é pouco. Conserva tua Graça, que está num vaso mui frágil. Vive, qual desconhecida, ignorada do mundo. Então Jesus será teu companheiro suave, santo; "quem, diz a *Imitação,* quiser se tornar homem interior e espiritual, deve, com Jesus Cristo, afastar-se do tumulto do povo" (Liv. I, c. XX n. 2).

II

Silêncio. O silêncio é o guarda da paz do coração e da pureza da alma. "Quem muito fala, diz o Espírito Santo, não está isento de pecado." A alma esvai-se em palavras inúteis; fere-se em palavras contra a caridade e a humildade – é coisa tão fácil esquecer-se a si mesmo no meio do mundo. Sejam sempre tuas palavras, ó minha alma, uma homenagem à verdade, um louvor à caridade, um sacrifício de humildade e de doçura, uma defesa da virtude e da justiça.

Lemos na *Imitação* que "é no silêncio e no repouso que a alma piedosa progride" (Liv. I, c. XX n. 6); "nesta vida frágil, que se passa toda em tentações e em guerra, é de grande utilidade conservar a Graça no silêncio" (Liv. III, c. XLV n. 5). E ainda: "Nunca vos tornareis interiores e devotos, se não guardardes silêncio sobre tudo o que diz respeito ao próximo, para concentrar toda a vossa atenção em vós mesmos. Se só vos ocupardes de Deus e de vós mesmos, pouca importância dareis a tudo o que vos vier de fora..." (Liv. II, c. V n. 2). "Se viverdes da vida interior, pouca atenção dareis às palavras que voam. Não é pequena prudência calar-se nos encontros desagradáveis e volver-se interiormente a mim, sem se deixar perturbar pelos juízos humanos" (Liv. III, c. XXVIII n. 1).

E ainda: "Ah! Quão bom é, e quanto facilita a paz, não falar dos outros, não dar crédito a tudo o que se diz, mas manter reserva nesse ponto, abrir-se com poucas pessoas e procurar-vos sem cessar, ó meu Deus, vós que escrutais o fundo dos corações, sem se deixar levar pelo primeiro sopro de palavras, desejando que tudo se cumpra interior e exteriormente, segundo o bel-prazer da vossa Vontade!" (Liv. III, c. XLV. n. 5).

Aplicar-me-ei, portanto, à virtude do silêncio, e só falarei movida pelo princípio da caridade e da conveniência. Precaver-me-ei nas minhas palavras contra as simpatias e antipatias naturais.

Quando meu coração estiver triste e desanimado, começarei por me abrir com meu divino Mestre, a fim de lhe oferecer as primícias do sacrifício.

Regras práticas. Antes de falar, me recolherei interiormente a fim de consultar o espírito da Graça em mim.

Nas dúvidas, consultarei as regras da conveniência e da caridade.

Nas impressões por demais vivas, provocadas pelas simpatias ou antipatias, inclinarei meu coração do lado do sacrifício.

III

Modéstia. A modéstia exterior é o guarda necessário do recolhimento e consiste:

1.º - Na vigilância dos sentidos para não os deixar ir à curiosidade, a uma atividade grande demais, às impressões demasiadamente vivas, causadas pelos objetos exteriores.

2.º - Na *modéstia modesta* dos olhos, que não é afetada, nem tímida, mas sim uma modéstia simples, onde se vê sem fixar e se olha sem se impressionar.

3.º - Nos movimentos do corpo, no gesto, no porte. É uma modéstia grave, sem complicação, ativa sem agitação, descansando o corpo sem moleza, conveniente sem familiaridade, boa sem afetação. É a linda flor da pureza da alma.

Jesus será o modelo e a vida dessa bela virtude.

Quão grande era a modéstia do seu olhar! Não fixava os Olhos em ninguém, mas os conservava em geral baixos, pois os evangelistas notam, como raras, as circunstâncias em que Jesus os levantou.

Quão nobre e simples era o seu andar! Nunca se viu nos seus movimentos nem agitação, nem precipitação. Sempre igual, é o mesmo quando passa pelas humilhações e pelos opróbrios, como quando recebe as homenagens dos povos. Que modéstia em toda a sua Pessoa! Nada de altivo, nenhuma falsa humildade no seu porte, nenhum descuido, nada que se pareça com a moleza, mesmo depois das grandes fadigas. Sentindo-se cansado em caminho para a Samaria, assenta-se modestamente à beira do poço de Jacó.

Modéstia tão grande, tão publicamente reconhecida que São Paulo, muito tempo depois, falando aos Coríntios, aconselhava-os pela *mansidão e modéstia de Jesus*. E São Basílio dizia: "Onde estiver Jesus Cristo, aí estará a modéstia".

Maria era a própria modéstia. Impossível era vê-la sem se sentir profundo respeito. Sua modéstia, resplendente de pureza, era doce e humilde, impregnada duma nobreza simples e respeitosa. Não era a modéstia duma criatura virtuosa, ou dum anjo, mas a de Jesus, que se refletia na sua divina Mãe.

Eis aí, ó minha alma, teus modelos! Eis aí a condição de Vida de Jesus e de Maria.

TERCEIRA MEDITAÇÃO

Recolhimento interior

Recolher-se é virar a alma de fora para dentro, a fim de colocá-la sob a ação do espírito de Graça que nela está. É o que se chama: "Recolher-se interiormente em Deus".

I

Esse recolhimento interior é a condição imposta para o progresso na perfeição. É a própria perfeição. A alma que sabe se recolher, bem se conhece. Segue, sem esforço, os movimentos do espírito e do coração. Notando a desordem e o vício, saberá deter-lhes a marcha sem demora. Percebendo o primeiro movimento das paixões e das tentações, poderá abafar prontamente as primeiras centelhas.

A alma interior tem um sentimento exato do que é verdadeiro, justo e mais perfeito.

Julga espontaneamente todas as coisas, bem como as relações boas ou más das criaturas com ela, segundo as palavras de São Paulo: "O homem espiritual tudo julga em Deus".

A alma recolhida não perde nenhuma Graça. Apropria-se de todas que lhe passam pela mão, correspondendo-lhes fiel e suavemente. A alma recolhida está sempre atenta às inspirações do Espírito de Deus nela e pronta a consentir. A alma recolhida vive mais com Deus nela do que consigo mesma. Tal a vida de São Paulo, que ele exprimia nestas belas palavras: "Não sou eu mais quem vive, mas Jesus é quem vive em mim". Ora, haverá algo de mais suave e que seja mais justo do que fazer companhia a Jesus, tomar-lhe as ordens, abandonar-se inteiramente à sua direção, prestar-lhe contas de tudo, e tudo lhe oferecer como homenagem e nele viver, nele repousar?!

Quem dirá a felicidade da alma recolhida?

A *Imitação* diz: "O Reino de Deus está dentro de vós. Convertei-vos de coração ao Senhor. Deixai este mundo miserável e vossa alma encontrará a paz".

"Aprendei a desprezar as coisas exteriores, a aplicar-vos às interiores e vereis o Reino de Deus chegar-se a vós, pois o Reino de Deus é a paz e a alegria no Espírito Santo".

"Jesus Cristo virá em vós para fazer-vos gozar das suas consolações, se lhe preparardes interiormente uma morada digna dele. Toda a glória e toda a beleza que Ele procura está na intimidade, onde se delicia".

"Ele visita muitas vezes o homem interior, com quem se entretém suavemente. Consola-o de modo agradável, enche-o de paz e trata-o com uma bondade e uma familiaridade surpreendentes".

"Coragem, pois, ó alma fiel, prepara teu coração para receber esse divino Esposo, para que Ele se digne chegar-se a ti e em ti habitar". (L. II - c. 1 n. 1 e 2).

Que glória, ó minha alma, que felicidade estão ligadas ao recolhimento. É o céu em ti!

Aplica-te, pois, a esse meio de salvação que a todos encerra e deixa os outros; dedica-te a essa virtude que é a alma e perfeição de todas as outras, o eixo de todas as outras Graças.

Ah! Sei agora porque o demônio combate com tanta violência esse espírito interior; sei porque minhas paixões me arrastam sempre para fora, longe de mim mesma. É para me perturbar, fazer-me perder de vista a um tempo a minha alma e Jesus que a inspira, a dirige, que trabalha e combate com ela. Compreendo que o recolhimento interior é a alma, a garantia da oração; é a oração contínua; é a Vida de Maria em Jesus; a Vida de Jesus no seu Pai celeste. Ó meu Deus, tornai-me interior e nada mais vos pedirei.

II

Mas como praticar o recolhimento interior?

1.º - Pedindo a Deus essa Graça.

2º - Recolhendo-se interiormente em Nosso Senhor Jesus Cristo antes de fazer qualquer coisa, a fim de lhe consultar a Vontade divina, o espírito, o bel-prazer. Pedindo-lhe a Graça que está ligada à ação que praticamos; rogando-lhe que trabalhe conosco.

3.º - Procedendo sempre na calma e na paz. Quando estivermos perturbados, agitados, comecemos por nos pacificar, nos recolher no silêncio.

4.º - Exercitando-nos habitualmente no pensamento da Presença de Deus em nós.

5.º - Aceitando interiormente, nas tribulações internas ou externas, a Vontade de Deus em relação a nós.

6.º - Combatendo as tentações por atos interiores, pelo olhar rápido a Jesus e que equivale a dizer-lhe: "Senhor, sabeis que eu vos amo e vos hei de amar até a morte!" É o olhar do amor, cheio de indignação contra satanás; é o protesto do nosso amor ao Bem-amado.

7.º - Banindo nas desolações, nos abandonos íntimos toda agitação, toda inquietação sem recorrer demasiadamente aos meios exteriores que nos poderiam proporcionar algum alívio, mas praticar um ato de abandono unida a Jesus abandonado na Cruz. É o mais perfeito ato de amor. Foi o último que Jesus praticou para nos provar seu Amor. Por esse ato Ele está sempre a nos fazer companhia.

Ó meu Deus, agradeço-vos esta meditação. É a luz que me indica meu caminho, meu centro, minha vida em Jesus. É a de Jesus em mim.

DIRETÓRIO

EXAME PARTICULAR. Sobre o obstáculo mais forte ao nosso progresso espiritual.

1.º - Qual é o sacrifício que mais temo, que mais custa ao meu coração?

2.º - Qual é o pensamento que mais perturba a minha alma e me lança no desânimo? E que meio me alcançou a pacificação?

3.º - Nos momentos de paz, de fervor, de graça sensível, que me pede a Graça de Deus? Que quer Nosso Senhor de mim?

4.º - Qual o obstáculo que dificulta habitualmente meu progresso na oração mental?

LEITURA ESPIRITUAL. *Imitação de Cristo*. L. I – c. XI, L. II – c. I, III, L. III – c. I, II, XXVII.

VIA-SACRA

Fazer a Via-Sacra para honrar os santos abandonos de Jesus.

1.ª - Jesus é abandonado por todos os seus amigos e nenhuma voz se levanta contra o juízo iníquo que o condena.

2.ª - Jesus é despojado de todo socorro e obrigado a levar sozinho sua Cruz tão pesada.

3.ª - Jesus cai sob o peso do cansaço e ninguém lhe estende uma mão amiga.

4.ª - Jesus padece das desolações, das angústias de sua Mãe Santíssima.

5.ª - Jesus vê com pesar o Cireneu negar-se a ajudar-lhe a carregar a Cruz.

6.ª - Jesus está coberto de opróbrios, todo enlameado e ninguém, a não ser uma débil mulher, lhe vem enxugar o Rosto.

7.ª - Jesus cai pela segunda vez e seus algozes, cheios de crueldade, lhe tornam a colocar nos ombros doloridos a sua carga.

8.ª - Jesus consola as filhas de Jerusalém enquanto seu Pai celeste o entrega à desolação.

9.ª - Jesus cai uma terceira vez, à medida que os maus-tratos vão sempre aumentando.

10.ª - Jesus é despido sem piedade; suas Carnes se despedaçam; seus Ossos descobrem-se e ninguém lhe cuida das Feridas.

11.ª - Jesus é crucificado, enquanto seus carrascos triunfam da sua fraqueza.

12.ª - Jesus morre no mais completo abandono.

13.ª - Jesus é amortalhado e sepultado por caridade.

14.ª - Jesus, no túmulo, é guardado pelos seus inimigos.

QUINTO DIA

PRIMEIRA MEDITAÇÃO

O espírito de sacrifício

A terceira disposição de quem quer seguir fielmente a Jesus é o espírito de sacrifício. Equivale a estar disposto a sacrificar tudo à Vida e ao Amor de Jesus em nós.

I

Jesus o quer. "Quem amar ao pai, à mãe, ao filho ou à filha mais que a mim, não é digno de mim".

Ele quer ódio contra tudo o que se opõe ao seu Amor, acrescentando: "Quem não odiar sua alma por amor a mim, não poderá ser meu discípulo".

Antes de permitir aos seus discípulos que o sigam, manda-lhes deixar incontinente suas embarcações, sua rede, sua casa, sua família, seu pai, sua mãe.

E que sacrifícios não pede Jesus à sua Mãe Santíssima!

Sacrifício de sua liberdade e da glória aparente de sua virgindade, velada pelo matrimônio, sujeita à obediência do esposo. E Maria fá-lo com *humildade*. É a condição imposta à sua Maternidade Divina, a salvação do mundo.

Sacrifício de sua casa em Nazaré, para se expor às ofensas e ao desprezo dos seus amigos e parentes de Belém e ver-se reduzida a morar num estábulo abandonado, sem o menor conforto, entregue à mais absoluta pobreza! E Maria faz esse sacrifício com *alegria*. Adquire assim seu título de Mãe de Jesus.

Sacrifício de sua pátria para habitar num país desconhecido, idólatra, inóspito, o Egito, para onde se dirige, pelo deserto, em plena noite, em pleno inverno. E faz esse sacrifício com diligência. Leva a Jesus consigo.

Sacrifício de sua ternura maternal, do seu amor pela felicidade que cabia naturalmente a Jesus, quando o velho Simeão lhe prediz a sua dor e lhe aponta a espada cruciante que já lhe fere o Coração quarenta dias após o nascimento do seu divino Jesus. E Maria não perderá mais de vista a esse Calvário que lhe anunciam com sua cruz e seus opróbrios, nos trinta e três anos que vão seguir! Ah! Que vida de amor doloroso! É Maria que se crucifica com Jesus.

Sacrifício de desolação, Maria, perdendo a Jesus em Jerusalém, acredita tê-lo perdido para sempre! Chora-o enquanto seu amor o procura, sem murmúrio e sem desespero. Julga-se indigna de possuir semelhante tesouro!

Sacrifício que lhe traz o rigor aparente de Jesus para com ela, quando finge, no correr de sua missão, não a reconhecer como mãe. "Que há de comum entre vós e Eu?" E ainda: "Quem é minha mãe?..." Mas Maria adora os desígnios misteriosos do seu divino Filho, segue-o, e ama-o com amor cada vez maior.

Sacrifício no Jardim das Oliveiras, onde Maria passa pela angústia mortal de não poder consolar a Jesus, triste até a morte e abandonado até pelos seus discípulos.

Mas qual não será a agonia de Maria seguindo a Jesus junto a Caifás, a Herodes, a Pilatos, por entre as blasfêmias, as imprecações, os gritos de morte que vociferavam contra seu Filho, aqueles mesmos a quem curara, a quem fizera tanto bem, e que lhe eram o povo escolhido!

E maior do que a morte foi sua dor quando, aos pés da Cruz, viu Jesus crucificado derramando todo o seu Sangue, consumido pela sede ardente, abandonado pelo Pai! E Maria, sua boa e terna Mãe, só pôde compartilhar das suas Dores, consolá-lo com suas Lágrimas, com seu Amor!...

Cruel martírio que só Maria poderia tolerar. Ela que unicamente soube dar a Jesus todo o amor que Ele merece.

Maria deverá ainda fazer o sacrifício do objeto desse seu amor, de Jesus! Vê-lo morrer, acompanhá-lo à sepultura e depois ter ainda vinte e quatro anos de exílio! Mas Maria só quer aquilo que Jesus quer. O amor que lhe tem substituirá sua presença visível, o gozo de sua glória, o próprio Paraíso.

Eis, ó minha alma, o que Jesus pede a quem o quer acompanhar e a Ele se apegar. Tens tu coragem necessária, amor suficiente para te entregar ao seu bel-prazer? Vamos! Dize a Jesus: "Divino Mestre, Esposo do meu coração, seguir-vos-ei por toda parte com Maria, minha Mãe. Não tenho eu convosco todos os bens? Amar-vos e esforçar-me por vos agradar, não será esta a alegria máxima de minha vida? Participar dos vossos sacrifícios, dos vossos sofrimentos, da vossa Morte, não será o triunfo maior do amor? Ó meu Deus, estou resolvida! Não imponho mais condições nem reservas ao meu amor para convosco. Seguir-vos-ei por toda a parte, seguir-vos-ei até o Calvário! Falai, cortai, feri, queimai. Meu coração é ao mesmo tempo altar e vítima.

II

Jesus só dispensa suas Graças de escol ao espírito de sacrifício. "Aquele que tudo deixou por amor a mim, receberá o cêntuplo nesta vida e o gozo eterno na outra".

E qual é a frase magna da *Imitação*? "Deixa a tudo e a tudo encontrarás". À alma sacrificada, aos seus verdadeiros discípulos, dá Jesus:

1.º - A sua paz e o júbilo do Espírito Santo. Paz na guerra e no combate, é verdade, mas paz de Deus que excede em suavidade todas as consolações do mundo.

2.º - As suas consolações divinas. "Darei o maná oculto a quem alcançar vitória sobre si mesmo". E que maná oculto é esse? É a felicidade da alma, sacrificando-se ao amor de Deus e Deus unindo-se-lhe na medida desse sacrifício.

3.º - A Graça da oração, da união da alma a Deus. Só quem entrega tudo e se sacrifica cada dia pela glória de Deus a receberá.

Resoluções: Ó minha alma! Sê tu também tão generosa para com Jesus quanto o foste para com a criatura e Jesus se agradará de ti. Sê tão dedicada a Jesus quanto o foste às amizades do mundo e Jesus se deliciará no teu serviço.

O tempo é pouco. Abraça o caminho do sacrifício que centuplica a vida. Não deves tu já tanto à Bondade, ao Amor de Jesus! E que lhe podes dar senão o amor do sacrifício?

Sê, não uma vítima, mas um holocausto, consumado inteiramente ao amor de Jesus. Imola o teu espírito à humildade de Jesus; o teu coração ao amor de Jesus; a tua vontade ao querer de Jesus; o teu corpo à mortificação de Jesus. Então o holocausto ficará completo.

SEGUNDA MEDITAÇÃO

Vida simples e retirada de Jesus

Jesus escolheu a vida simples e retirada de preferência a qualquer outra. E, por conseguinte, a mais excelente, em si, e, para mim, a mais perfeita.

I

É a mais excelente. Foi vivendo dessa vida durante trinta anos que Jesus glorificou ao Pai e praticou as mais sublimes virtudes.

A Vida retirada de Jesus teve início no seio virginal de sua Mãe Santíssima, nos nove meses que aí permaneceu. Então oculto, desconhecido de todos, deu ao Pai maior glória do que lhe poderá dar jamais qualquer ação, pois mais brilhante que seja.

Passado este tempo, que faz Jesus em Nazaré?

1.º - Oculta-se sob um exterior simples e comum. Fraco como a criança, honra e santifica a fraqueza humana. Aguarda os progressos da idade, para então produzir exteriormente as virtudes perfeitas de sua Alma. E por quê? Para não chamar atenção sobre si e poder trilhar o caminho ordinário de sua Vida.

2.º - Obedece. Obediência filial. Jesus obedece, cheio de humildade, a criaturas que, embora mui virtuosas, estão todavia infinitamente abaixo dele. Obedece com indizível doçura e alegria a José e a Maria, que lhe representam o Pai celeste. Submete-se a todos os que exercem qualquer autoridade, a fim de comunicar a todos a sua Graça de obediência.

3.º - Dedica-se, primeiro, aos trabalhos infantis. Ajuda sua Mãe Santíssima na limpeza da casa, no serviço de mesa. Cuida de Maria e de José, abre a porta, varre a casa, reparte com Maria o trabalho manual, deixando-lhe liberdade para se dedicar à tecelagem.

Tal a ocupação do Filho de Deus feito Homem – que tão pouco tempo permanecerá nesta terra – e de que tanto precisam soberanos e povos – e que no Céu é Rei e Deus dos Anjos.

Ó minha alma, compreendes tu esse Mistério? Ah! É que Deus mais ama a humildade duma vida oculta que a glória duma vida cheia de prodígios e de virtudes heróicas. Jesus quis dessa forma divinizar as menores coisas e santificar o interior e as ações da vida doméstica.

Jesus adolescente entrega-se à árdua profissão de carpinteiro, lidando com seu pai nutrício, como jornaleiro, servente de obras ao começar e trabalhando por conta de mestres grosseiros, exigentes, desprezadores, e continuando, depois da morte de São José até os trinta anos, a Vida simples de operário! E Jesus era Deus, a mesma Sabedoria, o Criador e Salvador dos homens.

Ele se retrai durante trinta anos, ocupando-se com trabalhos insignificantes aos olhos do mundo. Mas, ó minha alma, Jesus ensina-te a viver escondido, a estimar as ações humildes e a praticar, no olvido, a virtude magna que é a humildade.

E que foi dos trabalhos de Jesus? O mundo, que não os soube apreciar, nem lhes dar menor atenção chegou a desprezar a Jesus, que era tratado como simples operário. Não comia Jesus assentado na relva, ou nas esquinas das ruas, à porta dos mestres, que lhe enviavam os restos de suas mesas?

E Jesus era Deus, era Filho único do Pai! Era a Ciência, era a Bondade, o Poder de Deus! Oh! prodígio esmagador! Oh! Mistério oculto, capaz de revoltar a razão humana! Jesus aceita e quer aceitar todas as conseqüências do seu estado de pobre jornaleiro. Com eles se estenderá para dormir sobre uma simples esteira, estendida em qualquer lugar. Sofrerá, sem o calor do fogo, os frios rigorosos. Comerá uma comida grosseira, o manjar dos pobres. Vestirá uma túnica rude, a túnica operária do pobre. E todavia Jesus é o Rei de Glória, o Esplendor da Beleza do Pai, Deus como Ele!

Ó meu Deus, à vista do vosso estado, meu espírito se perturba, meu coração sofre, minha alma se aniquila! Confundem-se as minhas idéias. Lutam entre si meus sentimentos. Impossível me é compreender a excelência de semelhante estado. Iluminai-me o espírito, ó meu Deus, e já que escolhestes a esse estado e o amastes, que eu o abrace também de todo o meu coração.

II

A Vida retirada de Jesus é a mais perfeita para mim. Mas como praticar semelhante estado? Vivê-lo em companhia de Maria.

1.º - Amar a vida oculta, a solidão querida, longe do bulício do mundo; gostar de ser esquecida, desconhecida do mundo; de fazer as ações as mais cruciantes, as mais simples em união com Jesus, Maria e José em Nazaré.

2.º - Estimar, acima de tudo, as ações sem valor aparente, aquelas que faziam em casa Jesus e Maria.

3.º - Encobrir as ações exteriores, com o manto da modéstia, da vida simples e oculta de Jesus e de Maria.

4.º - Gostar de trabalhar por obediência e debaixo da obediência com Jesus e Maria.

5.º - Nunca procurar os elogios, os louvores, o reconhecimento pelos meus trabalhos ou pela minha dedicação e assim me tornar semelhante a Jesus e Maria em Nazaré.

6.º - Tudo velar com o véu da vida comum, não procurando distinguir-me em coisa alguma que se relacione à vida exterior e pública, a fim de viver ignorada e desconhecida do mundo, mas conhecida, amada e adotada por Jesus, Maria e José em Nazaré.

TERCEIRA MEDITAÇÃO

Jesus e a alma pobre

I

Jesus, pobre, é Rei e Deus de discípulos pobres. Ao unir-se à natureza humana, fê-lo sob a forma da pobreza. Conheceu-a, desposou-a, adotou-a como virtude de escol, virtude indispensável à perfeição.

Exige dos seus discípulos que a tudo abandonem para se tornarem pobres como Ele. Pela sua pobreza, lhes fará participar dos privilégios de sua missão divina. Já neste mundo Ele concede à pobreza o cêntuplo e a herança do Reino dos Céus. Os pobres de Jesus Cristo serão, por conseguinte, reis e julgarão o mundo.

Jesus é pobre ao nascer. Belém, o estábulo, a palha, a pedra nua, eis a glória de sua pobreza. É pobre em sua Vida; traz a túnica grosseira e rude do operário, compartilha de sua mesa, das ofensas que lhe são feitas, das humilhações que padece. Jesus viveu de esmolas. Morreu na Cruz sem possuir nem sequer a vestimenta. Não tinha com que ser amortalhado. Haverá na terra pobre semelhante a Jesus?

Maria e José participam da pobreza de Jesus, de Jesus que lhes era toda a riqueza. Devo, portanto:

1.º - Estimar a pobreza divinizada em Jesus.

2.º - Amar a pobreza, que me enriquece de todos os tesouros de Jesus.

3.º - Praticar o espírito de pobreza por amor a Jesus.

II

Vida de pobreza de Jesus em mim. Jesus me quer pobre. Quem é pobre?

1.º - É quem nada possui. Pobre pelo afeto, a nada me apegarei, nem às roupas, nem aos objetos de luxo, nem às riquezas deste mundo. Considerarei a tudo isso como pertencente a Jesus, como um bem seu, de que me poderei servir segundo as normas cristãs.

Tal a pobreza de espírito, alma da pobreza efetiva, de cujos méritos participa, podendo até excedê-la em perfeição. Não gozar dum bem lícito é às vezes mais meritório do que estar privado de tudo e aceitar essa impossibilidade de não poder gozar de coisa alguma.

2.º - É quem traz, sem pejo, as insígnias de sua pobreza. É um direito seu. Com o tempo se habituará a viver em paz sob seus trapos. Tal o seu estado normal.

Quanto a mim, trarei as insígnias da simplicidade da condição em que viver, cortando todo o luxo mundano. Olharei para Maria e seguirei a minha Mãe.

3.º - É quem nada recebe, nem honras, nem louvores. Ao passar, ninguém lhe dá atenção, lhe lança sequer um olhar, ou lhe retribui o cumprimento. A todos conhece e por todos é desconhecido. É um estranho, um homem inútil, um refugo, um ninguém. E não se irrita, não se vinga, não amaldiçoa. "Sou pobre, dirá tal é o meu estado. Não tenho direito algum, senão a ser tratado como pobre que sou".

Ó minha alma, ama a pobreza de espírito, pede a Graça de ser pobre na estima das criaturas. "Se eu agradasse aos homens, dizia São Paulo, não seria servo de Jesus Cristo."

A fim de praticar essa pobreza de estima, procura ser ignorada, esquecida, confundida na onda humana; gosta do olvido das criaturas, de sua indiferença e, sendo possível, do seu desprezo. Valerás, por acaso, mais do que teu bom Mestre Jesus? Não és sua pobre esposa? Uma mísera pecadora?

4.º - É quem não tem amigos, nem consolo nas suas aflições. Ninguém lhe ouve as tristezas. E ele o sabe e a tudo suporta. E conserva-se em paz no seu isolamento. Se for bom, dirá: "Meu Pai está no Céu e eu aqui não passo dum estrangeiro a mendigar o pão no caminho do exílio".

Ó minha alma, queres gozar, livre, da liberdade de Jesus? Sê pobre de coração. Queres nunca perder a paz? Sê pobre de afeto. Queres provar a Jesus teu amor, tua confiança? Não ames senão a Ele.

Se o mundo te pagar com a ingratidão, será uma Graça de libertação. Se te recusar suas consolações, sua proteção, sua confiança, sê feliz. Deus te basta e merecerás ser a companheira de Jesus no Jardim das Oliveiras, no Calvário.

5.º - É quem sofre sem que ninguém se compadeça de sua pena. Sofre a sós e a sós morre. Ó minha alma, Jesus sofria e ninguém o consolava; estava triste e ninguém o animava.

Aprende a sofrer sozinha com Jesus; a conservar para ti o mistério da cruz, a só confiar a Jesus a angústia de tua alma. Ele é cioso de tua confiança, cujas primícias deseja, cuja primeira flor ambiciona. Ele será teu consolador, bom e divinal. Não esqueças jamais de que quanto menos pedires às criaturas, tanto mais generoso será Jesus.

III

Pobreza espiritual. Na pobreza está a fortuna do pobre; nas suas necessidades, a eloquência; nas suas chagas e nos seus trapos, os títulos. Quanto mais pobre for, tanto mais excita a generosidade; quanto mais sofre, tanto mais poder terá sobre os corações. Ó minha alma, a pobreza espiritual, eis teu estado perante Deus. Aí estão teus direitos, teu título às suas Graças, às suas Misericórdias, ao seu Reino. "Bem-aventurados os pobres em espírito, porque o Reino dos Céus lhes pertence", disse Jesus.

Vá, pois, a Deus, ó minha alma, pela pobreza. Teu espírito por si não gera pensamentos, ou então, gera-os maus. Dize a Jesus: "Vede a minha pobreza. Por ela vos quero servir!"

Teu coração não tem sentimentos, nem devoção, quer de fervor, quer de amor. É antes pobre, sujeito à perturbação, a inquietações, ao desânimo. Vá ao encontro do teu Pai e dize-lhe: "Ó meu Deus, vede a minha imensa pobreza! Não sei sequer amar-vos, nem vos dizer meu amor. Meu coração está esgotado. A miséria o insensibiliza. Ah! Dai-lhe vida. Amai-vos em mim, por mim. E se quiserdes que vos ame com esse mísero coração nas desolações e securas, eu também o quero!".

Tua vontade, fraca e inconstante, receia o sacrifício. Ah! Não desanimes. Dize: "Ó meu Jesus, quão fraca sou. Quão pobre, e quão enferma. Não tenho forças para vos pedir a esmola da vossa Graça e do vosso Amor. Dai-ma simplesmente por bondade". Ofendeste a Deus, foste infiel. Agora assemelhaste-te àquele homem que caiu no caminho de Jericó. Não desanimes e chama em alta voz o divino Samaritano. Mostra-lhe tuas chagas, dize-lhe tua culpa: "Ai de mim, Senhor! Sou muito miserável. Vede, são esses os frutos do meu jardim. De nada mais sou capaz. Vede minhas chagas: sarai-me! Sou uma mísera mendiga. Mas vós sois bom. Vinde, pois, a mim!".

O demônio te tenta, ó minha alma: dize a Jesus: Eu sou pobre, eu mereço ser tentada, ser humilhada: mas não me abandoneis.

Ó pobreza real e divina, tu serás o anel de minha aliança com Jesus. Outra não quero!

DIRETÓRIO

EXAME PARTICULAR. Sobre o atrativo da Graça.

Examinar qual a natureza dos movimentos da Graça que movem a alma pelo amor e pela paz ao sacrifício e que pede a Jesus para nos unir inteiramente a Ele. Não será o atrativo, talvez só o amor de Jesus, o amor doce e suave do seu Coração?

LEITURA ESPIRITUAL. *Imitação de Cristo*, L II, c. XI, XII.

VIA-SACRA

Considerar a Jesus em cada estação como o modelo de doçura, que nos diz: "Aprendei de mim, que sou manso e humilde de Coração".

SEXTO DIA

PRIMEIRA MEDITAÇÃO

Jesus, humilde de Coração

Jesus, meu Mestre, não quer ensinar-me, diz Santo Agostinho, a criar mundos, a causar admiração geral por milagres e prodígios, a me celebrizar por virtudes brilhantes. Mas Ele me diz: "Aprendei de mim que sou manso e humilde de Coração".

A humildade de Jesus, eis, ó minha alma, o ensinamento divino do Mestre. A humildade, eis o caráter da santidade, a condição que exige para conceder seus dons. "Deus só dá a sua Graça aos humildes."

Deus medirá as suas Graças pela minha humildade. A humildade é a regra da virtude, os alicerces do edifício espiritual da perfeição. Se eu a tiver, terei a todas as virtudes e se não a tiver, minhas virtudes se tornarão em vícios e minhas boas obras em obras mortas.

Para chegar-se a mim, Deus só me pede a humildade e quanto maior for esta na terra, mais elevado será, no Céu, o meu lugar. Mas como me tornar humilde? Imitando a Jesus e Maria.

1.º - Só devo ter sentimentos humildes de mim mesma, do meu nada. Tudo quanto tenho de bom, quer na ordem natural, quer na sobrenatural, me vem de Deus e a Deus pertence. Senhor meu que é, não abre mão do que é seu. Só me resta, pois, em plena propriedade, o meu nada. Ora, que vale o nada? Que pode fazer? Que poder tem?

Ai de mim! – e que humilhação para mim! Esse meu nada pode, na verdade, produzir alguma coisa: o pecado, o pecado mortal. Pode, portanto, merecer-me o inferno, enquanto me leva a perder o Céu, pela ofensa feita à Infinita Bondade de Deus. Ora, esse nada culpado merece ser desprezado e grandemente. Tivesse causado um único pecado, já por isso mereceria o desprezo dos Anjos e dos homens. Não são os galés, embora convertidos e mesmo perdoados, desprezados por todos? Ah! Que desprezo mereço eu! Quantos pecados cometi! Quanto ofendi a Deus! Quantas marcas diabólicas imprimi no corpo e na alma! Devo, pois, ser humilde, é de simples justiça. É a homenagem prestada à verdade do meu estado.

E Jesus, para animar-me, faz-se humilde. Ouve, ó minha alma, a prova sublime que nos dá da sua humildade: "O Filho do homem nada pode fazer por si, mas somente aquilo que vê o Pai fazer. As palavras que vos digo, não as digo por mim mesmo. O Pai que permanece em mim opera por si essas obras". Jesus coloca-se no último lugar da humanidade. Chama-se, nas palavras do profeta Isaías, um verme, o último dos homens. E não nos diz São Paulo que Ele se humilhou e se aniquilou até revestir a forma de escravo? E eu teria medo de descer ao seu encontro!...

2.º - A humildade verdadeira rende a Deus toda a glória das suas obras, não guardando para si senão a humilhação inerente às suas imperfeições. Não se vangloria dos êxitos felizes. Não se lastima dos infelizes. Não se glorifica das qualidades, dos talentos, da posição. Tudo a Deus pertence.

Não fala em si. Receia a glória e o renome, temendo que lhe sejam a recompensa única. E, em vez de ver o que tem, vê o que lhe falta. Em vez de virtudes, vê as culpas.

Em vez da força, vê a fraqueza. Conserva-se, portanto, sempre recolhida em si mesma, qual a criança que se considera a última de todas. Tal a lei da humildade.

Jesus, ó minha alma, é teu modelo. Chamado, independente de Deus Pai, de bom Mestre, reclama que só Deus é Bom. Ante o povo que o quer proclamar rei, foge para o deserto. Se lhe louvam os milagres, Ele devolve ao Pai toda a Glória. Seu único desejo é procurar a Glória paterna pela sua própria abjeção, pelo seu próprio aniquilamento.

E vede quão humilde é Maria! Enquanto o anjo a chama de Mãe de Deus, cheia de Graça, ela a si mesma se chama de serva, de escrava.

3.º - A humildade perfeita procura a humilhação e os desprezos que, para a alma verdadeiramente humilde, são um tesouro, uma glória. É o aproximar-se de Jesus humilhado, coberto de opróbrios, tanto em Jerusalém como no Calvário.

Que bela ocasião de dar uma prova de amor, de honrá-lo pelo ato mais perfeito de que dispõe o homem. Mais vale a humilhação do que o sofrimento físico, do que o sacrifício dos bens temporais.

Um só ato de humilhação feito por amor de Deus, eleva a alma até Jesus Cristo, libertando-a da escravidão da vaidade e da vã estima das criaturas.

Deus só raramente concede essas belas ocasiões. Feliz da alma que sabe aproveitá-las.

4.º - A humildade é o triunfo máximo da alma sobre o demônio, que só tem poder sobre nós na medida do nosso orgulho. Daí a palavra do Espírito Santo: "O princípio de todo pecado é o orgulho". A alma, portanto, que for humilde, será como que impecável, e o demônio não terá poder algum sobre ela. Um ato de humildade amedronta-o logo de início e, caso volte à carga, será para atacar a alma pela sua mesma humildade, que lhe é barreira e couraça.

5.º - A humildade triunfa do próprio Deus. Ele não saberá resistir à alma que, culpada, se humilhar aos seus pés. A humildade desarma-o, arrebatando-lhe as Graças. Nas provações que envia, nas desolações interiores, a alma que souber humilhar-se, fará violência a Deus, qual o santo homem Jó no seu monturo.

Então, para que se vingue da derrota, Deus lhe pagará o cêntuplo, elevando-o a um alto grau de oração e à união íntima com Ele.

Se não puderes, portanto, ó minha alma, praticar grandes penitências, consola-te. Podes sempre ser humilde e a humildade supera toda penitência.

Se não puderes fazer grandes coisas para Deus, não te aflijas. Podes sempre humilhar-te em sua Presença. A humildade rende maior glória a Deus do que a conversão do mundo inteiro, sem humildade.

Não sabes orar? Humilha-te e farás a melhor das orações. Não sabes dizer a Deus o teu amor? Humilha-te aos seus pés com Madalena. Grande então terá sido o teu amor enquanto te tornarás como ela, a casta amante do Senhor.

SEGUNDA MEDITAÇÃO

Jesus manso de Coração

A mansidão é o fruto abençoado da humildade e da caridade. A alma humilde é paciente, mansa, benfazeja.

Medita, ó minha alma, nessa virtude de Jesus e a verás em toda a sua suavidade.

Jesus é a mesma Bondade e sua mansidão é cativante e prende os corações. Os povos, falando dele, diziam: "Vamos à suavidade".

1.º - Mansidão de Jesus na linguagem. Não lhe agradam discussões ou contendas. Sua palavra é modesta, doce como seu Coração. Jamais pronuncia uma palavra injuriosa, jamais lhe saem dos lábios palavras orgulhosas. Calmo, bom, sincero, Jesus é sempre o Bom Mestre.

Imita a Jesus, ó minha alma, evitando cuidadosamente palavras vivas e impetuosas, prenúncios duma alma agitada. Não te permitas tampouco palavras de gracejo, palavras maliciosas, mortificantes, críticas ou arrogantes. Jesus é tão bom para ti. Deves sê-lo também para com os outros. Se queres que te tratem com bondade e doçura, saibas tratar teu próximo da mesma forma.

2.º - Mansidão de Jesus para com seus Apóstolos. Eram eles grosseiros, materiais, sem educação. E Jesus tolera-os com Bondade, sem se queixar, sem lhes censurar a falta de cortesia. Não os despede com vivacidade ou por lassidão, mas fala-lhes suavemente, explicando-lhes cem vezes as mesmas coisas, sem a mais ligeira impaciência. Chama-lhes docemente a atenção sobre as suas faltas, corrige-lhes com calma os defeitos; suporta-os durante três anos, noite e dia, junto a si. Ah! Jesus era tão delicado pelo Coração, tão grande pelo Espírito, tão generoso, tão nobre, tão divino! Habituado à Corte Angélica, à sociedade eterna do Pai e do Espírito Santo, agora só tem por companheiros os doze barqueiros da

Galiléia. Ah! Nunca poderíamos crer um tal prodígio de Santidade, se Jesus não fosse a mesma Bondade, a mesma Doçura.

Pois bem, serás, ó minha alma, a exemplo de Deus, doce para com aqueles que te são desagradáveis, antipáticos. Serás doce com aqueles que te fizeram sofrer; suportarás com paciência as faltas de atenção, de consideração, de delicadeza por parte daqueles, com quem vives. E nos momentos de mau humor, nas tristezas de coração, na irritação interior, tomarás teu coração nas duas mãos, ou antes tu o darás a Jesus, a fim de não perderes essa doce paz, esse licor do mel da caridade que adquiriste à custa de tantos sacrifícios. Nesses momentos mais vale calar-se do que fazer mal ao próximo sob pretexto de lhe querer fazer bem.

3.º - Mansidão de Jesus no correr de sua Paixão. Ciente de que Judas o há de trair, tolera-o todavia em sua companhia, falando-lhe sempre com Bondade, ocultando aos demais Apóstolos o seu crime, e, para triunfar da dureza de seu coração, chamando-o ainda de amigo no Jardim das Oliveiras e, prestando-se a beijá-lo. Ó minha alma, como hás de recusar a Jesus a mesma graça para aqueles que te ofendem? Não é possível!

Jesus é atado pelos carrascos e submete-se, qual cordeiro, a tudo, sem oferecer resistência, apresentando Ele mesmo as mãos para serem ligadas, e não respondendo às injúrias, às blasfêmias de toda espécie com que o atormentam ao longo do caminho. Aprende, ó minha alma, tu também a guardar, por entre todas as violências, um silêncio nobre e suave, a ser manso como o Cordeiro de Deus.

Que mansidão a de Jesus em presença de Caifás! Entregue à fúria da soldadesca vil que lhe cospe no Rosto, lhe arranca os Cabelos e faz dele seu joguete, Jesus nada diz, nem sequer uma palavra de queixa.

Que Bondade no Olhar que lança sobre Pedro, que três vezes o renega. Olhar de Pai que censura ao filho sua culpa enquanto lha perdoa.

Que Mansidão a de Jesus nos muitos sofrimentos do Pretório, nessa flagelação de milhares de golpes e, mais tarde, sob o peso esmagador da Cruz!

E que Paciência nessa mesma Cruz, recebendo as maldições com Bênçãos, a injúria com o Perdão, a ingratidão com a Graça. Mas a Doçura de Jesus brilha com fulgor sem igual ao exclamar: "Meu Deus, meu Deus, por que me abandonastes?" Ah! Esse abandono do Pai foi a provação máxima de Jesus. Nunca se queixou das dores físicas, nem da sua crucificação, mas essa dor do Coração leva os seus sofrimentos ao auge. E então revela-o. Jamais nos teria sido dado a conhecer este novo sacrifício, se Jesus não no-lo tivesse ensinado. Mas sua queixa é toda respeitosa. "Meu Deus, meu Deus", e a sua exclamação é antes um ato de amor no sacrifício, de que só falará quando estiver consumado, terminando com estas palavras divinas: "Meu Pai, entrego a minha Alma entre as vossas Mãos".

Ó bom Jesus, é certamente na Cruz que vos mostrais manso e humilde de Coração, tudo atraindo a vós pela vossa doçura: o ladrão penitente, os carrascos contritos, o mundo todo – também o meu pobre coração!

A exemplo de Jesus, ó minha alma, tu praticarás a doçura de paciência na moléstia e no sofrimento.

A doçura de paz nas contradições.

A doçura de submissão no infortúnio.

A doçura de amor na cruz.

"Bem-aventurados os mansos de coração, porque possuirão a terra."

"Bem-aventurados os misericordiosos, porque alcançarão misericórdia."

"Bem-aventurados os pacíficos, porque serão chamados filhos de Deus."

DIRETÓRIO

EXAME PARTICULAR. Sobre a oração mental. Qual é a forma de oração que maior bem proporciona à minha alma? Que a torna mais generosa, mais calma, mais unida a Deus?

Quais são os defeitos comuns às minhas orações? Antes? Durante? Depois?

Qual é o pensamento que domina minha oração? Qual o distintivo dos meus afetos? Que de ordinário mais os atrai?

LEITURA ESPIRITUAL. *Imitação de Cristo*, L. II, c. IX, L. III, c. VII, XVI, XVIII.

VIA-SACRA

Considerar em cada estação a virtude que Jesus nela manifesta com esplendor maior.

SÉTIMO DIA

PRIMEIRA MEDITAÇÃO

Jesus obediente

A obediência é a virtude querida de Jesus, que a praticou constantemente do nascer ao morrer e continua a praticá-la até o acabar do mundo no Sacramento adorável da Eucaristia.

Medita, ó minha alma, em Jesus obediente, teu modelo admirável. Ele nunca fez, por si mesmo, a menor ação. Nunca pronunciou sequer uma palavra que não submetesse primeiro à obediência do Pai celeste, ou a quem lhe ocupava na terra o lugar.

1.º - A obediência de Jesus é literal, estendendo-se à natureza das coisas ordenadas, às circunstâncias de tempo, lugar e modo, acrescentando sempre, porém, um ato de amor. E tu, também, ó minha alma, obedecerás formal e materialmente à ordem clara e precisa, ao dever certo, à Vontade positiva de Deus. Então, na verdade, serás obediente como Jesus o é.

2.º - A obediência de Jesus brota-lhe do Coração. Obedece com alegria, porque ama ao Pai e lhe quer agradar em tudo. Obedece com prontidão, sem demora, porque só visa a uma única coisa: glorificar ao Pai exatamente e como lho pede o Pai. Obedece com generosidade nas coisas mais penosas e mais difíceis para a natureza sem mostrar repugnância alguma, sem omitir a menor parcela do sacrifício. O Calvário aí está para nos lembrar a obediência de Jesus, "obediente, diz São Paulo, até a Morte, e Morte de Cruz".

Que tua obediência, ó minha alma, seja cordial, afetuosa e pronta como o fogo do amor! Quanto maior for o sacrifício exigido, maior e mais perfeito será o amor. Não olha o amor para o que lhe custa, o que lhe repugna, o que o sacrifica. Procura somente o desejo, o bel-prazer de Deus, que ama acima de tudo.

3.º - A obediência de Jesus sujeita-lhe o juízo próprio. Obedecer por razão é obedecer a si mesmo. Obedecer por sentimento de coração é obedecer pelo amor conhecido e sentido. Mas obedecer pelo sacrifício e pela abnegação do juízo é obedecer pelo mistério da fé e do amor. É a obediência cega, ou perfeita, que se move no abandono de todas as nossas faculdades e de todo o nosso ser. É a obediência de Abraão ao imolar o seu filho Isaac. É a obediência de Maria ao lhe ser proposta a Maternidade Divina. É a obediência de Jesus levada até a Morte na Cruz, salvando-nos pelas humilhações e pelo sofrimento, e não pela glória e pela majestade.

Eis, ó minha alma, o teu modelo. Para seres perfeita na prática da santa obediência tens só uma pergunta a te fazer: "Quer Deus tal coisa?" Sim? É quanto basta. A mim não me compete perguntar-lhe a razão de ser da sua Vontade, conhecer os motivos que lhe determinam a decisão. Basta-me o amor da sua Vontade. Deus só quer o meu bem e pensa e escolhe por mim. A mim compete operar sempre na dependência de sua Graça.

4.º - A obediência de Jesus visa ao bel-prazer divino. O verdadeiro amor não aguarda a ordem para obedecer. Procura prevenir o desejo da pessoa querida que equivale a uma ordem.

Tal a obediência de Jesus. O Pai celeste deixou-lhe, para resgate dos homens, a escolha entre uma vida toda de glória e as ignomínias do Calvário. Jesus, porém, ciente de que este último caminho seria mais agradável ao Pai enquanto nos patentearia um amor maior, preferiu o mistério e a *loucura da Cruz*. Seu amor vai, pois, ao encontro do desejo paterno. Escolhe livremente a Cruz com todos os horrores inerentes.

Queres, ó minha alma, amar a Deus, amá-lo soberana e unicamente? A tua obediência será a prova do teu amor. Sê uma vítima da santa obediência. E, se quiseres conservar-te sempre na verdade da virtude, observa a regra de obediência. Se quiseres viver de amor, vive de obediência.

O perfeito amor é a abnegação cabal de si mesmo, o holocausto do homem todo inteiro.

SEGUNDA MEDITAÇÃO

Vida eucarística de Jesus

Jesus, no seu adorável Sacramento, é o modelo sempre vivo das virtudes cristãs, bem como o centro de vida da virgem eleita.

1.º - Jesus no Santíssimo Sacramento, modelo de vida simples e oculta.

Na santa Eucaristia, Jesus oculta não somente a sua Divindade, como também a sua santa Humanidade. Não se lhe percebe um raio sequer de Glória, como no Tabor, ou um traço divino e exterior do seu Poder. Não se lhe ouve a voz terna e arrebatadora. Não se lhe vê a doçura e a bondade luzir nos Olhos tão belos. Seu Corpo está velado. Suas Mãos benfazejas estão escondidas. Jesus está como que aniquilado e muito mais aniquilado do que em Nazaré e na sua Paixão. Está também muito mais oculto.

Em torno de sua Pessoa sagrada reina a solidão e o silêncio enquanto a Corte Celeste participa do seu estado retraído. Ó meu Deus, sois na verdade um Deus oculto.

E por quê? Para me tornar amável a vida simples e retraída. Para me lembrar incessantemente a vossa Vida de aniquilamento. Para que eu, procurando-vos fora dos sentidos, das criaturas e da vossa própria glória, vos encontre no mistério da vossa Vida oculta. Sim, quero seguir e amar em vós e convosco essa vida simples e oculta, vida de eleição e de amor.

2.º - Jesus no Santíssimo Sacramento, modelo de pobreza.

Quão pobre é Jesus na Eucaristia. Quão pobre é sua morada – quatro tábuas apenas e essas talvez estragadas e imprestáveis para o serviço dos homens. Panos de altar, onde repousa sua divina Pessoa, grosseiros e talvez sujos. Vasos sagrados freqüentemente de vil metal. Ah! Que ornamentação pobre para Jesus, Rei da Glória! Que estado pobre! E Jesus aí permanece, abandonado qual um desconhecido e desprezado. Os reis da terra têm guarda dia e noite, e Jesus não tem ninguém. Os reis têm cortesãos dedicados, e Jesus, não raras vezes, não tem nas paróquias uma alma sequer que o ame de todo o coração. Não há quem não tenha um amigo. Só Jesus muitas vezes não o tem, permanecendo durante toda uma semana a sós, trancado na sua igreja!

Ó meu Deus, por que escolhestes estado tão pobre e obscuro? – Para te lembrar, filha querida, minha santa pobreza. Não a podendo praticar no local da Glória, venho continuá-la ao teu lado, no meu Sacramento. É para te ensinar a amar a minha santa pobreza, o meu desapego e te mostrar a verdadeira glória do meu Amor. É para que venhas me fazer companhia, me consolar, na minha solidão do abandono em que me deixa o mundo.

3.º - Jesus no Santíssimo Sacramento, modelo de humildade.

Na Eucaristia, Jesus leva a humilhação da sua Glória até o último limite de aniquilamento, já que não conserva nem sua forma divina e humana, nem a força do seu Poder. É desprezado, livremente blasfemado.

Vê, ó minha alma, como Jesus liga seu Poder. É preso, calcado aos pés, e não se queixa. É crucificado pelo sacrilégio e não se vinga. É renegado por seus filhos e não apela para o Céu e a terra em testemunho de sua causa.

Ó meu Jesus, por que vos expor impunemente a ultrajes tão grandes? Por que não colocar guardas celestes em torno do vosso Tabernáculo? Por que alimentar a incredulidade, pela vossa Presença velada e como que aniquilada? "Ah! Minha filha, amo-te e quero provar-te o meu Amor. Quero por esse meio que te humilhes para chegar a mim, que me encontres no centro de minha Vida. Sê humilde, minha filha, como o teu Salvador. Saibas revestir-te das insígnias da Vida eucarística, quer nas tuas virtudes, quer no teu amor. Então terei dois tronos, dois tabernáculos. Aquele que me oferece o teu coração será o trono de minhas delícias.

4.º - Jesus, no Santíssimo Sacramento, modelo de docilidade e paciência.

Na Eucaristia não sabe Jesus se queixar nem se vingar dos pecadores, mas sim os abençoar e chamá-los a si! "Ó vos todos que gemeis sob o fardo do pecado e do sofrimento, vinde a mim e Eu vos aliviarei".

Jesus, para seus novos carrascos, só pede perdão e misericórdia. "Meu Pai, perdoai-lhes porque não sabem o que fazem", não conhecem minha Bondade, minha amabilidade. Tal a Doçura de Jesus para com seus filhos ingratos.

Sê doce, ó minha alma, como Jesus. Faze bem a quem te faz mal. Chama as Bênçãos divinas sobre quem te amaldiçoa. Reza, tranqüila, para quem te calunia. É o que fez, o que faz ainda Jesus.

Jesus na Eucaristia é doce. Não se irrita contra os seus filhos que o deixam demasiadamente só. Não afasta a quem o serve friamente. Sua Palavra é doce como o mel da divina Caridade. Seu Olhar é todo de Bondade. Seu Coração é todo amoroso. É o divino amante dos corações.

Sê doce, ó minha filha, para com aqueles que te servem e te servem mal. Eu nunca te repeli. Sê doce para com aqueles que não te agradam ou te ferem. Eu sou doce e paciente para contigo. Sê tu também doce e amável com todos. A impaciência e a vivacidade são frutos do amor-próprio; um tom ríspido e severo indica uma alma que ainda não morreu a si mesma – longe disso. Ama-me. Então meu Amor te tornará paciente e boa, forte e suave. Eu virei então e farei em ti minha morada.

5.º - Jesus no Santíssimo Sacramento, modelo de Paciência.

Na Eucaristia, Jesus obedece ao seu sacerdote, entregando-se-lhe incondicionalmente. Obedece a todos os fiéis que o reclamam. Obedece aos seus inimigos, aos cristãos sacrílegos, a outros tantos Judas. Ah! Que prodígio inconcebível! Jesus deixa-se tocar por criaturas abomináveis que se utilizam da Hóstia Santa para os mistérios negros da magia!

Jesus obedece sem resistência, sem murmúrio. Cordeiro Eucarístico que é, deixa-se profanar, sem proferir a menor queixa.

Jesus obedece espontaneamente à voz do sacerdote. Obedece por amor, obedece a todo momento, obedece até o fim do mundo!... Ó meu Deus, se minha alma não vos conhecesse o Amor, havia de se escandalizar ante tão grandes sacrifícios. Mas a lembrança desse Amor esmaga-me o espírito, confunde-me a alma e enleva-me o coração. Será possível que tenhais para com os homens – e homens ingratos, corações insensíveis e divididos – tamanho Amor?

Ah! Quanto a mim, peço-vos humildemente perdão das minhas ingratidões. Nunca compreendi tão bem todo o Amor que me testemunhais na Santa Hóstia.

Pois bem, verei na Eucaristia o quadro das vossas virtudes, a regra de minha vida, o eixo do meu coração. Convosco viverei, convosco me consolarei, convosco trabalharei. Quero estabelecer uma corrente elétrica de amor entre a minha morada e o vosso Tabernáculo divino. Do vosso Cibório sagrado me enviareis Graças e flechas inflamadas e eu vo-las devolverei com meu coração traspassado de amor!

TERCEIRA MEDITAÇÃO

Encerramento do retiro – Ramalhete espiritual
Meu amor a Jesus na vida e na morte

Estou prestes a sair do Cenáculo, deste Cenáculo de luz, força, graça e amor.

Ó meu Deus, quão Bom fostes para comigo. Quantas Graças contidas numa única Graça. Quantos testemunhos de Amor. Que posso eu fazer por vós? Amar-vos na vida, na morte e para todo o sempre.

A Vida de Jesus, porém, é um amor de combate e de sacrifícios – prepara-te. Eis Jesus que te fala sobre o teu futuro.

1.º - A natureza, cansada do caminho do sacrifício, quer murmurar. Não se acomodará mais duma vida que a tolhe a cada instante. Ante o altar da imolação, quer recuar, com saudades, para seu caminho inicial. Que farás então?

Não lhe prestarei ouvidos, ó meu Deus. Não raciocinarei com ela, mas com Abraão, imolarei o meu Isaac, e com Maria, aos pés da Cruz, imolar-me-ei a mim mesma, estreitando cada vez mais os laços que me prendem a vós, feliz por ter tão bela vítima a vos oferecer!

2.º - O mundo procura contrariar tua vida simples e oculta. "É um excesso!", dir-se-á. Criticarão tua frieza. Envolver-te-ão numa atmosfera de ternura maior. Dar-te-ão testemunhos de estima e afeição. E, porque já não queres senão a Deus, o mundo quererá dar-se a ti. Que farás então?

Sereis, sempre, ó Jesus, o Deus único do meu coração, que ninguém mais saberá encontrar por estar oculto no vosso. Consultar-vos-ei, e na vossa Palavra, medirei a minha vida. Então, enquanto o mundo estiver a gritar e criticar, estimando ou desprezando-me, odiando ou querendo-me bem, vós, ó meu Deus, me bastareis. Eu deixarei o mar agitar-se, ameaçando o litoral. Fixa na montanha de Sião, em vós me fortificarei e, ufanandome do vosso Amor, ciosa do meu título, hei de trazer bem alto o meu coração, a tal ponto que a terra e seus bens, as criaturas e suas promessas jamais me poderão atingir.

3º - O demônio, nosso inimigo comum, extremamente invejoso da tua felicidade e do meu Reinado em ti, vai, filha querida, redobrar de furor, atormentando-te corpo e alma. Ora te agitará pelo medo exagerado do pecado, ora paralisará tua coragem pelo receio duma ilusão, ora te mostrará tuas culpas e misérias de modo terrível. Ora, com a arma do desânimo e do desespero, atacará a tua confiança em mim, a tua piedade, como se orgulho fosse, as tuas Comunhões como um abuso, a tua oração como uma injúria ao meu serviço, a tua fé na direção como inútil. Ora quererá mesmo levar-te a excessos de piedade. Que farás, então?

Desconfiarei, ó meu Deus, da minha fraqueza. Procurar-vos-ei a fim de me acalmar e fortificar e, se nada me disserdes, se minhas forças vierem a falhar, procurarei o Ananias que me destes e aí abrirei minha alma em toda simplicidade. Rezarei e obedecerei.

4.º - Mas, eis agora uma provação rude, a maior, a mais penosa para o coração. Sou Eu, filha minha, que te farei sofrer! Provo a alma que se quer unir a mim, como se prova o outro, colocando-a no cadinho da tribulação. Então, se permanecer fiel, sairá pura, bela, digna de minha aliança. Preciso purificá-la de todo esse amálgama de matérias grosseiras e impuras, pois não me posso unir nem à carne, nem aos sentidos, mas sim à fé do espírito, à pureza de coração. É porque quero provar tua piedade pela aridez, pelas securas cruciantes. Quero crucificar-te na oração, abater em ti o sentimento do amor. Quero velar minha Face, suspender as consolações, abandonar-te um momento à provação do amor. Que farás, então?

Amar-vos-ei, ó meu Deus, tanto na desolação como na consolação. Não sois vós sempre o meu Deus? Lembrar-me-ei da vossa Agonia no Jardim das Oliveiras, do vosso Abandono na Cruz. Sereis sempre, pelo menos, o amigo e companheiro do estado por que passar. E eu vos servirei pelo sacrifício de mim mesma.

Esperarei em vós contra toda esperança. Amar-vos-ei a vós mais que a vossos dons. Amar-vos-ei por vós! Amar-vos-ei até a morte!...

Virgem santa, sou vossa filha, a esposa do vosso divino Filho. Deposito em vosso Coração minha derradeira resolução, minha última palavra. SOU E SEREI TODA DE JESUS POR MARIA.

Segundo Retiro

de seis dias
aos religiosos do Santíssimo Sacramento

Abertura do Retiro

MEDITAÇÃO PREPARATÓRIA

A Graça do Retiro

I

Grande é a Graça do Retiro! Graça que contém em si todas as Graças! Graça apta a me alcançar o perdão cabal dos meus pecados; a restituição da Graça do Batismo; a conversão perfeita – qual a de Madalena aos pés de Jesus; o reinado de amor de Jesus em mim como em São João, reclinado amorosamente no Peito do divino Mestre.

Quão bom foi Deus concedendo-me tão grande favor e proporcionando-me, na sua amável Providência, tão poderoso meio de salvação e de caridade! Ah! Devo aproveitar-me dele, entregando-me todo a este retiro que passarei aos pés de Jesus.

II

Que devo fazer nestes dias de recolhimento? Devo:

1.º - Submeter-me cabalmente à ação da Graça do Retiro, como o ferro frio e ferrugento se submete à ação do fogo, ou à planta sem vigor à ação vivificante do sol.

2.º - Pôr-me à disposição da Vontade santa e amável de Deus a meu respeito, sem condições nem reservas, repetindo com o Profeta: "Meu coração está pronto, ó meu Deus, a cumprir com amor todas as vossas Vontades".

3.º - Visar como fim do retiro alcançar a realização completa do reinado amoroso de Jesus em mim e sobretudo de Jesus no Santíssimo Sacramento, confiante nas palavras do divino Mestre: "Quem come o meu Corpo e bebe o meu Sangue, permanece em mim e Eu nele" (João VI, 57 - Vulg.).

III

Que meios devo empregar para garantir os frutos do retiro? Devo:

1.º - Conservar o meu espírito calmo e desprendido de toda ocupação estranha, de toda preocupação quanto ao futuro. Evitar a contenção, a violência no trabalho, e servir-me do espírito apenas para ver o meu caminho.

2.º - Conservar o meu coração recolhido no exercício simples e afetuoso da devoção. Pelo meu coração farei oração, já que é meu coração que Deus me pede, pois nele quer viver e reinar.

3.º - Conservar o corpo e os sentidos numa atitude de santa modéstia, qual o servo em presença do rei e o Anjo perante Deus.

É por Maria, com Maria, em Maria que me chegarei a Jesus. Afigurar-me-ei estar no Cenáculo com minha doce Mãe do Céu. Inspirado, dirigido por ela, farei um bom retiro eucarístico.

PRIMEIRO DIA
PRIMEIRA MEDITAÇÃO
Amor de Deus na minha criação

I

Deus criou-me no seu Amor desde toda a eternidade. Formou em seguida o meu corpo nas suas Mãos e criou a minha alma com o Sopro do seu Amor, e fê-lo à sua imagem e à sua semelhança – fruto que é do seu próprio Amor.

Dotou-me, alma e corpo, com as qualidades, os dons e as graças adequadas ao meu fim, obra privilegiada que é do seu Amor.

II

Deus criou-me unicamente para si mesmo e quer ser meu fim supremo, único, eterno, fim de Graça e de Glória.

Criou-me unicamente para me conceder o mérito e a ventura de conhecê-lo e servi-lo neste mundo, como meu soberano Senhor e Deus do meu coração, e chegar a possuí-lo um dia como Deus da Glória.

III

Ele criou-me nas condições mais favoráveis para conhecê-lo, amá-lo e servi-lo – concedendo-me a vida que obedece à lei da Graça, fazendo-me nascer de pais católicos e receber uma educação solidamente cristã. Assim mostrou-se-me Deus desde a aurora da minha razão, prodigalizando-me seus cuidados nos dias de necessidade e de perigo.

Ah! Quão bom pai foi Deus para comigo! E eu, ter-lhe-ei sido reconhecido? Terei colocado minha felicidade em conhecê-lo, amá-lo, servi-lo? Terei vivido para Ele? Terá Ele recebido a homenagem de toda a minha vida?

E não é justo que o fruto da árvore pertença ao mestre, e não à própria árvore? Não é natural que o servo sirva ao amo, e não ao estranho? Pedirá, por acaso, o filho aos pais o prêmio de sua obediência e dedicação?

Ai de mim! Servi pior a Deus do que ao homem! Fui mais generoso, mais terno para com as criaturas do que para com o meu Criador!

Que fazer agora? Chorar, amar, morrer por meu Deus...

Chorarei por tê-lo esquecido, por ter-lhe preferido uma criatura e ofendido de modo tão ingrato a tão bom Pai. Ai de mim que só tive um espírito inclinado à vaidade, um coração todo dedicado ao amor-próprio, uma vontade toda voltada ao egoísmo!... Numa palavra, fiz de mim mesmo o meu próprio fim – fim de pecado e de desgraça.

Agora, porém, quero amar ao meu Deus, volver-me à sua Bondade e à sua Misericórdia, que encontrarei sempre tão prontas a me receber como está o seu Coração.

Começarei pelo amor para alcançar a virtude, a morte a mim mesmo e ao mundo. Então não mais viverei senão na Vida de Jesus, na sua Morte ressuscitada!...

SEGUNDA MEDITAÇÃO

Graças de preservação

Que ações de graças darei a Deus pela sua inefável e divinal Providência a meu respeito?

I

Deus conservou-me a vida enquanto o ofendia e me tornava culpado e digno do inferno.

Que teria sido de mim, caso a morte me surpreendesse em tão lamentável estado?

Ó Bondade maternal do meu Deus que me ocultastes sob o manto da vossa Misericórdia para afastar de mim os golpes da Justiça.

Conservastes-me a vida na esperança de que um dia, reconhecendo as minhas culpas, eu me lançasse irremediavelmente nos braços da vossa inesgotável Bondade.

Mas, ai de mim! Ó meu Deus! Terei eu de fato confessado o meu pecado, a minha ingratidão? Estarei verdadeiramente penitente? Terá vossa Misericórdia triunfado deveras em mim?

Ah! Deploro o meu pecado; quero esquecer o mundo. A minha ingratidão me envergonha. Serei, ou antes, quero ser e sou todo vosso.

II

A Bondade de Deus me preservou de imensos perigos:

1.º - O belo lírio da pureza estava exposto a se perder pela minha leviandade. Grande foi minha fraqueza, fraco meu coração, negligente a minha vontade, nebulosa a minha consciência. E quem sabe o que teria sido da minha virtude se me tivessem sido concedidos mais alguns dias e surgisse alguma ocasião sedutora? Mas vossa Misericórdia me esperava à beira do abismo, como a Daniel na fossa dos leões.

Ó meu Deus, que graças vos renderei por tão alva coroa, pelo cetro real do vosso Amor, pelo reinado de paz e de liberdade, que me reservastes? Poderei eu jamais apreciar-lhe todo o valor e produzir frutos condizentes?

2.º - A divina Providência concedeu-me Graças maiores ainda. Conduziu-me qual criança, por entre os múltiplos perigos, fechando-me os olhos para que não os visse – pois talvez me fossem motivos de escândalo; tapando-me os ouvidos para não lhes ouvir o encanto, pois talvez me tivessem abalado. Levou-me, ainda, a evitar inconscientemente muitas ciladas semeadas no meu caminho, muitos escândalos que me espreitavam. Um nada impediu-me de sair, reteve-me mais um pouco numa ocupação, fez-me mudar de rumo. Foi, ó meu Deus, vossa Providência divina e amável que, velando sobre mim, me dizia: "fique aqui, vá lá", conservando-me, desta forma, a salvo dos perigos.

III

A Bondade de Deus me amparou. Colocou-me no caminho o anjo Rafael, que me guardou, por ordem sua, para me dirigir os passos. Enviou-me a tempo e no momento oportuno um defensor poderoso, uma consolação na tristeza, uma reserva no prazer e na alegria. Pôs-me sob a mão ora um bom livro, que me falasse algo, que me lembrasse um dever, um nada aparentemente, mas que para mim era a Graça e a Luz do momento, a Graça da salvação.

Ah! Se me fosse dado ver em Deus todo esse cortejo angélico colocado ao meu lado para me guardar e me acompanhar; todas essas Graças que, quais rios suaves, orlavam-me a estrada da vida; todas essas criaturas que, cada qual, tinha por fim levar-me a Deus. Ah! Quantas maravilhas de amor! Dir-se-ia que o Céu e a terra só se moviam e só se movem ainda em minha direção, e que eu lhes constituo o fim!

A que objeto visa Deus nesse grande Amor? Quer que eu me dê todo a Ele; que lhe reconheça os direitos de Amor, de Bondade, de Justiça.

Ah! Sim, meu Deus, reconheço-os, adoro-os, amo-os. Reinai!...

TERCEIRA MEDITAÇÃO

Amor de Redenção

I

Tão grande foi o Amor de Deus Pai por mim que me deu seu Filho único para me resgatar.

Adão, meu pai segundo a natureza, legando-me o pecado, fez-me filho da cólera, escravo do demônio, condenado à morte eterna. Jamais teria eu podido, sem Jesus Cristo, entrar no Reino do Céu e tornar-me novamente filho de Deus. A vida, sem a Graça da Redenção, não seria, portanto, para mim um bem.

Ah! quão Bom foi Deus Pai para comigo! Faltava-me um Salvador, então me deu o seu Filho. Amou-me mais do que a Glória e a Vida natural de Jesus. Quis que Ele se oferecesse como Vítima de minha salvação para que eu me tornasse novamente filho do seu Amor e de sua Glória.

II

Jesus Cristo amou-me tanto que me quis resgatar do modo mais humilhante e mais doloroso possível ao amor que não podia fazer nada de maior.

Uma lágrima, uma prece, um suspiro, teriam bastado para me resgatar, pois tudo nele era de valor infinito. Mas nesse caso não me teria sido dado compreender a enormidade dos meus pecados, nem a grandeza do Amor de Jesus, que não se teria dado todo a mim. Então o seu Amor não estaria satisfeito.

Ah! Por quantas humilhações não passou Ele! Quantas dores não sofreu, quão horrível Morte não padeceu! Jerusalém! Calvário! Ó meu Salvador, eu me prostro aos pés da vossa Cruz, árvore de Vida e de Morte, instrumento de minha salvação!

III

Jesus Cristo, amando-me de tal forma, põe sempre à minha disposição as Graças, bem como o preço da minha Redenção.

E quantos homens não se aproveitam dessas Graças de Redenção de Jesus Cristo, por não as conhecer! Eles ignoram o seu Amor, a sua Cruz e o Calvário, enquanto eu conheço a Jesus Crucificado!

E outros, conhecendo a Jesus e Jesus Redentor, não se chegam todavia a Ele, por lhe preferir o mundo, e não querer romper os laços vergonhosos das suas paixões. Então permanecem voluntariamente escravos do pecado. Mas eu fui preservado das ciladas do mundo. Jesus, quebrando-me as cadeias, libertou-me. Quantas Graças não lhe devo, portanto, a Ele, meu Salvador.

Disponho livremente da fonte de água viva, do banho salutar do Sangue de Jesus Cristo, do preço de minha Redenção contido nos sacramentos da Penitência e da Eucaristia e no santo Sacrifício da Missa.

Para mim esse Calvário é todo de Graças e de Amor – eu não teria podido suportar o de Jerusalém. Ah! Quão bom foi Jesus para comigo.

O redimido pertence ao seu senhor. Quero, portanto, pertencer inteiramente ao meu divino Libertador. Ele morreu para mim. Quero, pois, viver por Ele, só para Ele, que é minha Ressurreição e minha Vida.

SEGUNDO DIA

PRIMEIRA MEDITAÇÃO

Necessidade da Redenção

I

Tanto a minha natureza como os meus vícios me levam instintivamente ao mal.

Meu espírito é naturalmente orgulhoso, cheio de vaidade, procurando a estima do homem de preferência à de Deus e procedendo instintivamente por amor-próprio. Ah! quão grande é esta minha miséria que nem sequer conheço a fundo. É um abismo insondável. É a hipocrisia da serpente. É a astúcia do demônio.

Meu coração tende a amar as criaturas mais do que o Criador; a afeiçoar-se a elas mais do que a Deus. Digo mais, a preferir as bagatelas do século à virtude de Jesus Cristo, à sua pobreza, à sua modéstia, à sua simplicidade.

E o meu coração – é uma miséria inqualificável! – quer ser amado da mesma forma que Deus! Quer ser um centro, um alvo da afeição humana – como se o nada pudesse produzir o ser e a vida, como se o servo devesse captar para si a glória do mestre!

Minha vontade indolente, fraca, inconstante no bem, é todavia tenaz naquilo que deseja, generosíssima em relação ao mundo e dedicadíssima a tudo o que lhe agrada. Só terei de recorrer à violência em se tratando de Deus e do seu Serviço – e mesmo então regateio, adio, reparto o dever divino.

Meu corpo é sensual. Meus sentidos não estão ainda sujeitos à Lei de Deus, à sua Graça. Ah! quem me há de libertar desse corpo de morte? A Graça, o Amor de Jesus Cristo. Que inimigo trago, porém, desgraçadamente, em mim!

II

Além da minha própria natureza, que tende ao mal, pequei muito e acrescentei a esta tendência instintiva o hábito do pecado, do vício. O orgulho, o amor-próprio, dominaram-me o espírito. As afeições desregradas encheram-me o coração. Minha vontade opôs um *não* tenaz à Lei, à Graça divina e nem ouso ver, contar ou analisar os pecados cometidos pelos sentidos. Adão corrompeu minha natureza por uma só culpa, enquanto eu a viciei por milhares de pecados. Aos Olhos de Deus devo assemelhar-me a um corpo coberto de cicatrizes tristes e vergonhosas.

Ah! quão necessária me é a Graça da humildade de Jesus para sarar as chagas da soberba que trago em mim; a Graça do seu amor para contrabalançar o amor impuro. A Graça de sua força para fortificar a minha vontade. A Graça da sua modéstia e mortificação para curar o meu corpo, restituir-lhe a honra e o vigor das virtudes!

Preciso que o seu Sangue corra no meu para purificá-lo e clareá-lo; preciso que o seu Corpo ressuscite o meu corpo; que a sua Alma vivifique a minha alma. Preciso, enfim, dele mesmo para que me recreie nele.

E a Redenção não visa outro fim senão curar-me e unir-me a Ele. Foi para isto que esse bom Jesus se fez meu Salvador.

Ó ditosa culpa de Adão! Ó desgraçados pecados meus, que me afastaram de Jesus.

SEGUNDA MEDITAÇÃO

Bondade da Paciência de Deus
Quão bom foi Deus para comigo

I

Quando ainda não o servia nem sequer o amava; quando o ofendia e estava coberto de pecados que provocavam os rigores de sua Justiça, Ele aguardava a hora da minha penitência.

Houve, infelizmente, em minha vida um momento em que tive a desventura de cair no pecado mortal, isto é, de tornar-me inimigo de Deus e estar a um passo do inferno.

E, tivesse vindo a morte surpreender-me nesse estado de danação, eu já estaria há muito no inferno em companhia dos demônios e dos réprobos – e isso por toda a eternidade.

E, para que isto se desse, Deus teria apenas de levantar a Mão que me sustentava e deixar o pecado mortal seguir seu livre curso. Então, desde muito, teria a Justiça Divina ferido tão grande culpado.

No mundo a punição castiga o crime – e o amor paterno obedece à mesma regra. Felizmente, porém, Deus assim não procedeu em relação a mim, mas qual pai que fecha os olhos e finge nada perceber, Ele só viu em mim uma mísera criatura, objeto todavia do seu Amor.

E quantos dias, quantos meses, quantos anos, esperou Deus até que eu viesse fazer penitência? E, no correr desse tempo, continuou a me alimentar, a me conceder suas Graças, conservando-me a minha honra, os meus bens – a Fé, a Esperança – tudo, enfim, apto a me fazer voltar ao arrependimento e prostrar-me aos pés do meu divino Pai!

Ah! quão bom foi Deus para comigo. E como poderei reconhecer tamanha Bondade?

II

Deus trabalhou com admirável Paciência na minha conversão.

Ai de mim! Como pôde sofrer com tanta doçura minhas recusas e minhas delongas em voltar à sua Graça? Que pai, que mãe, não se teria cansado de tal conduta? Pois bem, a Paciência de Deus é digna da sua Bondade.

Mostrando-me a vaidade das criaturas e ensinando-me pela experiência própria que só Deus é Bom, invariavelmente Bom, foi que me fez voltar a Ele.

Fazendo sentir a caducidade e o nada dos bens e dos prazeres do século, pelo sentimento do bem inefável que contém em si e cercando esses falsos bens e prazeres pelos desgostos e pesares. Ah! Ele tudo agitou e abalou em torno de mim para abrir-me os olhos à sua Verdade, à sua Graça. Queria-me só e unicamente para Ele.E, como apreciar todas as Graças interiores que me iam desapegando insensivelmente do mundo e de mim mesmo e apegando-me doce e firmemente ao seu Amor? Quantas inspirações suaves e fortes me comoviam a alma! Quantos sentimentos alternados de confiança e de receio me incitavam a me entregar livremente: o Céu e o inferno, Belém e o Calvário, Nazaré e o Cenáculo!

Ó meu Deus, e eu levei tanto tempo para me entregar cabalmente a vós! E que podia perder, se tudo perdesse, para ganhar-vos a vós? E que podia eu dar de grande e de precioso em troca da vossa Graça e do vosso Amor? Ó meu Deus, porque só vos amei eu tão pouco e tão tarde!

TERCEIRA MEDITAÇÃO

Misericórdia de Deus

Deus me perdoou e fê-lo com tanto Amor que eu deveria estar sempre a chorar de reconhecimento.

I

Deus perdoou-me sem demora e incondicionalmente, ao lançar-me eu aos seus pés, deixando-me apenas, como ao filho pródigo, a confusão proveniente da minha acusação. Esse bom Pai tinha maior prazer em me perdoar do que paciência em aguardar o meu pedido de perdão.

Concedeu-me a mesma Graça que a Madalena, perdoando-lhe ao vê-la aos seus pés e tomando-a sob a sua proteção.

Ah! quão bom foi Deus para comigo. Não provou a minha paciência para perdoar-me como eu lhe provara a Bondade. Não impôs condição alguma para conceder-me a sua Graça, a não ser a que impusera a Pedro: amá-lo e não tornar a ofendê-lo.

E, todavia, que dívida enorme contraíra eu para com a sua Justiça. Que Ferida larga e profunda abrira a minha ingratidão no seu Coração. Ah! se Deus me perdoou tão divinal e generosamente, eu, porém, não me devo perdoar ter ofendido a tão bom Pai e devo, com São Pedro, chorar de amor por ter feito o meu bom Jesus chorar de dor e de tristeza!

II

Deus perdoou-me com tanta bondade e me tratou com tanta honra!

Será possível que a Bondade de Deus chegasse a esquecer de tal forma as minhas culpas e ingratidões, que me tratasse e me trate ainda, como se nunca o ofendera, semelhante às almas puras que souberam conservar a veste da inocência, ou as esposas do seu Coração, que nunca viveram senão dele e por Ele?

Jesus me põe em contato com toda a sua corte. Associa-me ao apostolado da sua Igreja, ao zelo dos seus amigos, às virtudes de suas virgens, ao amor dos seus santos, a mim, indigno de servir o último de seus servos e feliz demais se viesse a ocupar o lugar do publicano à porta do templo ou da Cananéia alimentando-se das migalhas de pão que sobravam das crianças.

E, todavia, apesar da minha ingratidão presente e minha culpabilidade passada, tive a ventura de ser admitido à Graça de devoção, à oração – alimento das almas de escol – à vida calma e solitária de Nazaré e sobretudo à sagrada Comunhão; a tudo quanto há de bom, santo, grande e divino na terra.

Mas, meu Deus! Vós vos iludis! Esqueceis, porventura, o que fui e ainda sou? Ah! quereis triunfar do meu coração pelo excesso de Amor e provocar o dom do meu coração pelo excesso de benefícios.

Que vergonha devia ter de mim mesmo, que sou miserável ao ponto de não sentir nem sequer o preço dos vossos dons, nem a excelência do vosso Amor!

Levai, meu Deus, ao auge as vossas Graças. Perdoai-me por vos ter tão pouco amado. Deixai-me chorar a minha ingratidão para convosco.

Se eu tivesse tratado pai, mãe ou amigo desta forma, que vexame para mim! Então só serei ingrato, ó meu Jesus, para convosco? Não, não. Farei como Madalena aos vossos pés, no Calvário, no deserto. Ah! segredai-me apenas que o meu amor vos agrada!

TERCEIRO DIA

PRIMEIRA MEDITAÇÃO

Amor de Jesus Cristo

Jesus Cristo merece e quer todo o meu amor.

I

Quão amável é Jesus! Nele encontramos divinamente toda Beleza, toda Bondade, toda Perfeição.

Fosse-me dado contemplá-lo um instante apenas e meu coração havia logo de se derreter num inebriamento cheio de admiração e de amor!

Jesus é Belíssimo...

Jesus é Boníssimo...

Jesus é Amabilíssimo...

Quem lhe pode sofrer comparação?

E, no entanto, eu ousei compará-lo à criatura, a quem amei. Ousei compará-lo a mim mesmo, até amar-me mais que a Jesus, já que, pelo amor-próprio, me tornei o meu fim.

II

Eu ainda não o amava, e Ele já me tinha Amor. O seu Coração atento aguardava o despertar do meu para mo pedir.

Jesus amou-me desde toda a eternidade, pois desde sempre eu estava presente aos seus Olhos. Via-me, amava-me e preparou-me os seus Dons e as suas Graças. Escolheu-me um lugar e ergueu-me um trono no Céu.

Existo, portanto, eternamente no seu Amor? Existo. E eu, com tantos anos de existência, não o sei ainda amar e o meu pouco amor não conta ainda anos de vida – talvez nem sequer um dia inteiro. Que ingratidão!...

III

Jesus ama-me pessoalmente, como se só a mim tivesse de amar no mundo. Ama-me com amor de ternura, como o homem não saberia amar; com amor generoso, de que o homem é incapaz; com amor final. Eu lhe constituo o fim dos Dons e das Graças, por ser o objeto querido do seu Amor.

Sou também o fim da sua Encarnação. Foi para mim pessoalmente que Ele se fez Homem, a fim de poder amar-me de modo humano e divino. Foi para mim que sofreu de Belém ao Calvário. Em cada ação, sacrifício ou sofrimento, Jesus me diz: "É para ti, meu filho, para te testemunhar o meu Amor e conquistar-me o teu".

É para mim pessoalmente que Jesus instituiu o Sacramento perpétuo da Eucaristia, a fim de estar sempre comigo neste triste exílio e ser sempre minha Vítima de propiciação, meu Pão Celeste. Ó meu Deus, será possível que vosso Amor por mim vá tão longe? Mas quem sou eu, Senhor, para merecer-vos tanto Amor?...

IV

Jesus ama-me com Amor de Paixão.

Assimila-se a mim – a mim, tão pobre, tão miserável – e abraça o meu estado de pobreza, de trabalho, de sofrimento. Quer viver como eu. Para isto deixa a Glória, o Poder, a Felicidade, a fim de se tornar pobre, fraco, padecente – porque sou tudo isto.

Seu Amor, nas palavras de Santo Agostinho, chega a tornar-se um amor insensato, pois não é insensato amar Deus até o excesso a quem não lhe retribui o amor? Esgotar todos os sacrifícios para quem nem sequer os aprecia? Fazer-se vítima de amor, pão, alimento, a fim de unir-se, substancialmente à sua criatura?

Ó meu Deus, com o vosso Amor compreendo a Encarnação e a Eucaristia, que é a extensão desse mesmo Amor até a minha pessoa. Mas compreendo também o inferno e a eternidade do castigo!

Não há, no caminho de Deus, meio-termo: é mister amá-lo ou odiá-lo.

SEGUNDA MEDITAÇÃO

Dar-se todo a Deus

Se Deus foi tão bom para comigo na minha Criação, Redenção e Santificação, que devo fazer em troca de tantos benefícios? Uma única coisa: dar-me todo a Ele – é o que deseja, quer e preza acima de tudo.

Como, porém, se dar todo a Deus?

I

Dar-se todo a Deus é não o ofender deliberadamente. Haverá coisa mais justa do que nunca injuriar, insultar ou desprezar a pessoa querida? Haverá coisa mais natural do que evitar tudo o que lhe possa desagradar ou penalizar? Ora, a única coisa que Deus abomina, a única coisa que proíbe, é o pecado.

Ah! sim, meu Deus, venho trazer-vos a segurança e a promessa de não mais vos ofender, desobedecer, ou preferir a vós seja o que for. Antes quero sofrer, ser humilhado e desprezado a vos ofender. E quem será maior, mais poderoso, mais santo, mais amável do que vós? E a que posso eu comparar vosso Mandamento, vossa Bondade, vosso Amor?

Ah! não, minha decisão é irrevogável. Grande demais é minha dor de vos ter ofendido outrora, para que possa recomeçar futuramente. Talvez a minha fraqueza ou a minha ignorância me façam cair em algumas culpas – involuntárias, todavia, e que renego de antemão. Não vos quero mais ofender.

II

Dar-se todo a Deus é consagrar-se todo ao seu Serviço. É fazer passar esse Serviço antes de qualquer outro. É praticar, em primeiro lugar, a Lei de Deus e da Igreja. É honrar a Deus como soberano Senhor, por toda a parte e ante toda a criatura. É não se envergonhar do nosso Mestre e Salvador Jesus, do seu Evangelho, das suas virtudes, do seu culto, mas sim honrá-lo e provar-lhe sempre e em todo lugar que Ele é nosso Senhor e nosso Deus.

Devemos, sobretudo, honrar a Jesus na igreja e no culto pela fé humilde e viva, pela modéstia, pelo respeito da polidez cristã e do amor divino. Não devemos, portanto, falar na casa de Deus sem necessidade, nem ver a ninguém, senão o nosso Rei no seu Trono, que nos concede audiência individualmente.

Ah! Quantas vezes faltei a esse Serviço soberano de Deus, a essa honra suprema. Ah! Não estava, como agora, todo entregue a Deus.

III

Dar-se todo a Deus é querer amá-lo sobre todas as coisas, mais que a todo bem criado, toda criatura humana, todo prazer da vida. Mais que a si mesmo, ao seu próprio espírito, seu coração, sua vontade, seu bem-estar, a liberdade do corpo e dos sentidos. É ainda – e isto é mais penoso – amá-lo mais que a saúde e a própria vida.

Tal o amor soberano de Deus. Amor que domina tudo. Amor que passa sempre antes de tudo. Amor que, em igualdade de condições, tem preferência sobre tudo.

É o amor do filho, do amigo, do esposo, imagem fraca, porém real, do Amor de Jesus Cristo para comigo. Pois bem, é assim que eu quero doravante amar a Deus, servir a Deus, ser todo de Deus.

Meu Deus, é deveras tarde, e muito tarde, mas é de todo coração, e para sempre, que me entrego agora a vós.

TERCEIRA MEDITAÇÃO

Consagrar-se todo ao Serviço de Deus

Que hei de fazer por Jesus que tanto me amou?

I

Entregar-me inteira, exclusiva e perpetuamente ao seu divino Serviço.

1.º - Inteiramente. Sem reserva ou divisão, sem condições, sem procurar os meus próprios interesses. Servi-lo-ei por amor, como o filho ao pai e à mãe; como o Anjo ao seu Deus; como Maria a Jesus. Em servi-lo e fazer-lhe prazer está a minha grande recompensa.

2.º - Exclusivamente. Não quero servir a dois mestres – Jesus e o mundo; obedecer a duas leis – o amor de Deus e o amor-próprio; visar dois fins – o Céu e a terra, Deus e a mim mesmo. Servirei a Jesus soberanamente como o Rei único, a quem renderei toda a honra e toda a glória.

3.º - Perpetuamente. Servirei a Jesus como Ele mesmo serviu ao Pai, como me serve na divina Eucaristia, como Maria o serviu até a morte.

Servi-lo-ei igualmente em todos os estados de minha alma, na consolação e na desolação; nas alegrias e nas tristezas; na saúde e na doença. Deus é sempre o mesmo, igualmente bom, delicado e adorável.

Servi-lo-ei fielmente em todas as provações que em sua Misericórdia lhe aprouver enviar-me e o amarei acima de minha felicidade eterna.

Amá-lo-ei por Ele mesmo.

II

1.º - O Serviço de Jesus será o alvo da minha vida, da minha piedade, das minhas virtudes, dos Sacramentos a receber; dos sacrifícios a fazer. Esforçar-me-ei em tudo por ser um servo fiel de Jesus.

Não me queixarei das dificuldades que encontrar em seu Serviço, qual servo dedicado e bom.

2.º - O Serviço de Jesus será o meu fim, a razão de ser do serviço que prestar ao próximo. É a Jesus que servirei, servindo-o. É Jesus pobre, sofredor, humilhado que nele hei de ver. Meu próximo será como que os míseros trapos que Jesus trazia em sua Paixão. Nas Chagas de Jesus verei as suas chagas. No abandono de Jesus a sua miséria.

O maior Serviço de Jesus será a minha única alegria, a minha felicidade. Vê-lo honrado, bem servido e amado me constituirá toda a ventura.

Repetirei incessantemente esta bela frase: "A vós, meu doce Jesus, honra, glória e amor. A mim, desprezo, humilhação, esquecimento".

QUARTO DIA

PRIMEIRA MEDITAÇÃO

Jesus, minha lei régia

Qual amor, tal vida.

Se Jesus é meu amor soberano e final, deve também ser a lei suprema da minha vida. O coração é o rei do homem.

O pensamento é a chama do amor; a luz da flâmula forma-lhe as palavras, enquanto o calor lhe constitui a força da ação.

Ah! feliz da alma que vive do amor divino, pois vive da mesma Vida de Deus, que é todo Amor. É a vida dos Anjos no Céu e dos Santos na terra. É a vida das três Pessoas Divinas entre si.

Mas, qual será essa lei suprema do amor divino?

I

A primeira regra do amor é tornar amável e deleitável a lembrança de Jesus.

O pensamento acompanha e alimenta o amor. Quanto maior for, portanto, o amor que se tem a Jesus, tanto mais freqüente e habitual será a sua lembrança, já que o coração não permanece em si mesmo – ser-lhe-ia uma prisão, um cárcere –, mas sim no objeto adorado do seu amor.

Qual a natureza dos meus pensamentos? Qual a sua direção habitual? Qual a coisa, qual a pessoa que merece minha atenção constante? Procura o meu pensamento espontaneamente a Jesus? Agrada-se da sua lembrança? Vou eu ao encalço do Bem-amado? Eis a bússola infalível da vida.

Mas, ai de mim! Quantas humilhações, quantos esquecimentos, quanta indiferença para com Jesus!

Dois pensamentos são-me, infelizmente, necessários para chegar a Jesus, semelhante ao mercenário do dever, ao servo do temor. Preciso me lembrar de pensar em Jesus, que algo de exterior mo lembre. Preciso que o próprio demônio me force a pensar nele.

Ah! é que não o amo de todo o coração.

II

A segunda regra do amor é constituir a lei soberana e inflexível do nosso juízo. O juízo do homem é o amor prático de sua vida. A senha do combate bem como do dever e do prazer, parte em geral, do coração. A criança começa, por julgar com a mãe, depois com o pai, e, finalmente, com o mestre.

A primeira questão que se apresenta, o grande estudo de minha vida, será saber qual o Juízo de Jesus, verdadeiro Salomão, por ser o seu Juízo o único verdadeiro, infalível, divino. Todo Juízo humano que esteja em contradição com o de Jesus não passa de erro e de mentira. A luz do sol ofusca toda e qualquer outra luz.

Mas como conhecer o Juízo de Jesus?

Em primeiro lugar, pelo santo Evangelho, que deverei necessariamente ler a fim de poder meditar nos Juízos Divinos.

Em segundo lugar, pela sua Graça em mim, que deverei consultar na vida prática dos meus deveres pessoais bem como nas minhas relações com o próximo. Todo juízo deve ser a expressão fiel da verdade, revestida da humildade e do espírito de caridade.

Jesus será, pois, a minha lei suprema. Consultá-lo-ei antes de tudo, a Ele, e não ao amor-próprio, ao espírito mundano, à cobiça das paixões.

Por que me enganei eu tantas vezes? Por não consultar a Jesus. Por que me entreguei ao divagar dos meus pensamentos? Por não pensar e não amar em Jesus.

Ó meu Deus e meu Rei, para o futuro não será mais assim – juro-o, palavra de honra!...

SEGUNDA MEDITAÇÃO

Vida de amor

O amor divino não vive para si, nem em si, mas vive em Jesus. O foco não conserva a chama que produz, mas a irradia. O amor tem duas aspirações a Jesus – são-lhe os seus dois braços.

I

A primeira aspiração do amor é querer agradar em tudo ao seu doce Jesus e para isto a alma procura adivinhar aquilo que lhe possa dar prazer, lhe agrade, aquilo que deseja. E quando o descobre, ou tão-somente o suspeita, voa em busca desse objeto, sem que nada lhe interrompa a marcha. O seu soberano prazer é dar prazer a Jesus, e a sua recompensa suprema é o contentamento de Jesus.

E onde encontra Jesus o seu prazer? Na humildade, na pobreza, na penitência, na obediência, em tudo o que lhe lembra a vida de Belém, de Nazaré, do Calvário. O rei vitorioso revê com alegria o campo de batalha que lhe foi propício e ouve feliz o repetir constante dos seus perigos e feitos heróicos.

Ora, a que ama Jesus? Ama aquilo que amou nos dias de sua vida mortal, nos dias em que o seu Amor se imolou para salvar o mundo.

E deseja Jesus alguma coisa de mim? Sim, deseja que o acompanhe nos diversos estados de amor por que passou, que os saiba honrar em minha vida e faça reviver em mim a Jesus pobre, Jesus crucificado, para que o meu amor lhe dê vida nova, o encarne, o sirva e o siga até a morte.

II

A segunda aspiração do amor é evitar escrupulosamente tudo o que possa desagradar ao Eleito querido de sua alma.

A amizade é delicada. É o espelho que o menor bafo estranho prejudica. É a água viva, límpida e serena, onde o Deus do Céu se mira. A amizade pouco fala, ou antes fala por todos os sentidos – um olhar, um gesto, um esquecimento, uma preferência, tudo isto a pode ferir, por mais viva e sólida que seja.

Nas suas palavras, é Jesus um Deus cioso. Quer reinar a sós no trono das suas afeições. Quer o coração inteiro.

A alma amante deve cuidar em nunca dividir esse coração e velar com todo o cuidado para que nada haja em seus pensamentos, em suas afeições ou ações que possa de leve desagradar a Jesus.

Só a idéia de ofendê-lo, ser-lhe infiel, ou cometer o mais leve pecado, deve ser o bastante para revoltá-la. E, se uma criatura insolente, um satanás qualquer, ousasse sugerir-lhe uma infidelidade ou um pecado contra o Deus do seu coração, far-se-ia novamente ouvir o grito de guerra e repetir-se-ia em sua alma o combate do arcanjo São Miguel.

Quem, portanto, for contra Jesus será o inimigo mortal do seu próprio coração, quer seja irmão, amigo, mestre, quer protetor e rei!

O amor só tem uma lei, um soberano – Jesus.

O amor só quer uma coisa – agradar a Jesus.

O amor só receia uma coisa – desagradar a Jesus.

Tal será, ó rei divino de minha alma, a regra do meu coração. Quero ser o cavalheiro fiel do mais amável dos soberanos!

TERCEIRA MEDITAÇÃO

O santo abandono

O santo abandono é esse estado da alma amante que se entrega incondicionalmente e sem reservas à

Vontade de Deus, quer na ordem da natureza, quer na Graça.

I

Santo abandono na ordem da natureza.

A alma do santo abandono quer tudo o que Deus quer, porque o quer e como o quer. Na saúde ou doença, nesse ou naquele país; na situação em que aprouver a Deus pô-la quanto à casa, ao trabalho, ao alimento, à sociedade. Tudo é indiferente, tudo suave, porque a tudo acrescenta: Deus o quer, é Vontade de Deus.

A alma do santo abandono dorme tranqüila no regaço materno da divina Providência ou descansa em paz aos seus pés, qual a criança despida de preocupação futura. Inquietar-se-á por acaso com o porvir o filho que tem uma mãe carinhosa? Não sabe que ela lhe dará todo o carinho e cuidado?

Os elementos se entrechocam. É a tempestade. O mar ameaça tudo engolfar. Mas enquanto todos tremem de medo, o filho do santo abandono dorme sem receio, confiado na divina Providência, pois para ela não há tempestade.

Os homens, maus que são, querem arrebatar-lhe tudo: bens, liberdade, reputação. Mas a alma do santo abandono deixa-se despojar de tudo sem cólera e sem desespero.

Deus lhe resta. Deus a ama, é quanto lhe basta. Sente-se rica e goza da maior liberdade para ir ao encontro do Pai celeste.

Deus às vezes ameaça e parece abandonar a alma querida. Entrega-a ao furor do demônio e aos horrores das tentações. Ela sofre então o martírio da consciência. Mas é Vontade de Deus. "Fere, se puderes, dirá ao demônio, tu que fizeste flagelar o meu Mestre, que o tentaste, que o carregaste nos braços. Eu, discípulo de tal Mestre, não tenho medo de ti, que só farás o que Deus quiser ou permitir. Jesus está comigo".

II

Santo abandono na ordem da Graça.

1.º - A alma do santo abandono, qual um filho inocente nas mãos de Deus, entrega o seu espírito para que Deus lhe seja luz, e luz que quiser – clara ou velada, de Fé ou de manifestação. Só quer saber o que Deus quer que ela saiba – é a ceguinha de Deus que lhe abre ou fecha os olhos como melhor convém e que, se lhe fosse dado escolher, havia de preferir a pobreza e humildade de espírito.

2.º - A alma do santo abandono dá o coração a Deus, em toda a simplicidade, para indiferente amá-lo a Ele tão-somente, em todas as coisas e em todos os estados.

Se a quiser abrasar no fogo do seu Amor, alegrar-se-á; se lhe quiser conceder uma Graça de consolação, recebê-la-á reconhecida. Mas se Deus lhe fizer beber algumas gotas do seu cálice de fel, ou partilhar dalguns dos seus abandonos ou desamparos, de suas desolações ou tristezas, a alma do santo abandono beberá com amor esse cálice, participará da Agonia de Jesus, e lhe ficará fiel na provação.

3.º - A alma do santo abandono remete inteiramente a Deus toda vontade própria para que Ele a governe, a vire e revire à mercê dos seus desejos.

Doravante, só considerará como bem, alegria, felicidade, virtude, zelo, perfeição, aquilo que trouxer o selo da Vontade divina.

Que quer Deus? Que deseja Ele? Que lhe agrada mais? Nisto está toda a lei, toda a perfeição, toda a vida da alma do santo abandono.

4.º - A alma do santo abandono entrega-se ao serviço que Deus lhe determina, mudando-o a toda hora como melhor lhe aprouver, sem outra consideração, sem outro amor do que essa Vontade divina.

Serve a Deus segundo os meios de que dispõe no momento. Não se afeiçoa nem ao estado, nem aos meios, nem às Graças. Descansa tão-somente na santa Vontade de Deus.

QUINTO DIA

PRIMEIRA MEDITAÇÃO

A humildade, primeira virtude do amor

I

A primeira virtude que produz o amor de Jesus é a humildade.

A humildade é a virtude do pobre, honrado, querido, enriquecido pelo mais perfeito dos reis, e que outro mérito pessoal não tem senão da sua miséria e do seu estado.

A humildade é a virtude do pobre pecador que sabe não merecer a menor estima ou afeição, ou favor de Deus. É a humildade do centurião, do publicano à porta do templo, de Madalena aos pés de Jesus.

A humildade é a pedra fundamental da santidade. Não há edifício sem base, árvore sem raiz, riacho sem fonte. E na vida espiritual, a humildade é base, raiz, fonte.

A humildade é a condição imposta para merecer a Graça de Deus. A medida daquela é a medida desta. Quanto mais humilde for a alma, tanto maiores serão as Graças. Não sobe a água segundo a capacidade do vaso que a recebe?

A humildade é todo o modo de ser e de Vida de Nosso Senhor. É sua virtude querida e real. É sua bandeira. É Ele mesmo. Não foi Ele quem disse: "Aprendei de mim, que sou manso e humilde de Coração"? (Mt 11,29).

A humildade é o preço da Glória celeste, é a sua medida. Quanto mais humilde tiver sido a criatura na terra, tanto mais brilhará no Céu. A balança sobe dum lado enquanto abaixa do outro.

Urge, pois, que eu pratique, adquira e honre em mim esta virtude régia da humildade, combatendo com as forças unidas da natureza e da Graça o seu mortal inimigo, que é o orgulho. A soberba é a revolta contra Deus, é o culto de si mesmo, é o pecado do anjo.

II

Mas como tornar-me humilde? Somente por Jesus Cristo. Por mim mesmo não saberei nem encontrar os meios, nem os praticar. O amor próprio pertence à natureza. A soberba é fruto natural do homem. É Jesus Cristo quem me ensina a humildade, Ele, o Mestre divino: "Aprendei de mim que sou manso e humilde de Coração".

Devo, portanto, contemplar a humildade em Jesus:

1.º - No seu modo de vestir, simples e comum, sem luxo, sem preocupação de moda. Decência e pobreza, eis os traços marcantes.

2.º - Na sua comida. É a mesma dos pobres de sua condição: alimento, serviço, mesa, cadeiras, tudo honra a pobre humildade.

3.º - Na sua morada. O palácio do Verbo Encarnado é, primeiro, o estábulo de Belém, em seguida Nazaré e as grutas solitárias, depois a hospitalidade que recebe e finalmente a Cruz.

4.º - No seu modo de ser. A palavra de Jesus é simples e respeitosa. O tom de sua voz modesto como o do pobre. Seu porte quase tímido. Seu andar lento. E, qual pobre e servo, toma sempre o último lugar.

5.º - Na vida comum. Jesus perde-se no meio do povo. Cumpre com os deveres comuns da religião e da lei. Não procura chamar a atenção. Não quer lugar de destaque.

6.º - Na sua Pessoa. Jesus não ambiciona nenhuma função honrosa. Não aceita para si a menor glória daquilo que faz. Se opera maravilhas de Poder, se enuncia Verdades cheias de encanto, devolve a Deus toda honra. Enquanto Homem, nada quer. Recusa toda honra, todo louvor. Foge, oculta-se, subtrai-se às honrarias mundanas.

7.º - Na sua mesma força e glória, Jesus encontra o segredo de ser humildade até nos estados que se revestem de Poder e de Glória. A santa Eucaristia é o triunfo perpétuo de sua humildade na terra.

Ah! Quero na verdade amar e honrar a humildade de Jesus, meu Deus e Senhor. Doravante a humildade eucarística será o Evangelho do meu coração, a lei de minha vida, o tesouro do meu amor.

SEGUNDA MEDITAÇÃO

Amor crucificado

(Primeira parte)

O caráter divino do Amor de Jesus está em ser um Amor cruciado e cruciante.

I

O Amor de Jesus é cruciado.

O Amor de Jesus, querendo mostrar-me toda a sua grandeza bem como toda a sua ternura para comigo, levou-o a crucificar-se. Se Ele não tivesse padecido, lícito me seria duvidar do seu Amor. Mas Jesus me dá pessoalmente os seus sofrimentos em prova desse Amor. "Entrego a minha alma à morte de mim mesmo..." (Jo 10,18). "Ninguém pode amar mais do que dar a sua vida pelos seus amigos" (Jo 15,13).

"Jesus Cristo, disse São Paulo, amou-me e entregou-se à morte por mim" (Gl 2,20).

Ah! quão belo é o Amor de Jesus que nasce num mísero estábulo e é deitado na palha, numa manjedoura rústica. "Ó meu bem amado, exclama São Bernardo, quanto mais vos contemplo pobre e miserável, tanto mais vos amo e estimo!"

Quão terno é o Amor de Jesus, pobre operário, trabalhando com as Mãos para ganhar o seu pão, o de sua Mãe Santíssima e o de São José.

Quão grande, sublime e arrebatador é o Amor de Jesus, prostrado no Jardim das Oliveiras, triste, desolado, agonizante, para depois triunfar de todas as angústias, de todas as dores e deste modo operar a minha salvação!

Quão belo é o Amor de Jesus por entre os escarros, as bofetadas, as zombarias da soldadesca ímpia de Caifás, de Anás, de Herodes, de Pilatos!

Como, porém, considerar o esplendor desse Rei de Amor, levando a sua nobre Cruz, crucificado entre dois celerados, amaldiçoado pelos homens, abandonado por Deus? E tudo isto por amor a mim!

Ó Amor, sim, inclinai vossa Cabeça, deitai sobre mim os vossos Olhos moribundos e morrei dizendo-me: "Tudo está consumado!"

III

O Amor de Jesus é cruciante.

1.º - Crucifica o homem velho, o homem dos sentidos, da cobiça, da concupiscência. Crucifica-o na Cruz de Jesus a fim de, ligando-o pelos laços de amor, fazer dele um homem novo.

Não é o grito primeiro do Amor de Jesus, ao encontrar-se por entre os homens: "Fazei penitência, que o Reino de Deus está próximo"? (Mt 3,2). Exige de quem o quiser seguir como discípulo "que renuncie a si mesmo e carregue diariamente a cruz ao seu exemplo" (Lc 9,23). Eis por que São Paulo nos indica como a marca segura do verdadeiro discípulo do Salvador o "cingir-se de sua mortificação" (2Cor 4,10). Acrescentando que quem pertence a Jesus Cristo, "crucifica a sua carne com suas paixões" (Gl 5,24).

Assim é que o amor de Jesus deve crucificar em mim o pecado cometido; o foco do pecado que é a concupiscência; o instrumento do pecado que são os sentidos.

2.º - Crucifica o homem justo e santo para que se assemelhe cada vez mais ao Mestre querido. Crucifica-o mesmo no seu amor, para que mais se aproxime de Jesus crucificado, mais a Ele se una.

Crucifica-o nas suas Graças, pois toda Graça vem do Calvário e lhe reveste o caráter e a vida.

O Amor de Jesus crucifica ainda no próprio Tabor do amor, já que o sofrimento, o sacrifício, numa palavra, a cruz, é o laço que prende o cristão a Jesus Cristo, prova única e real do seu amor para com o seu Deus.

O amor do coração fiel, da alma abrasada, sente necessidade de sofrer para que se possa consolar e se animar e assim suprir aquilo que quisera dizer e fazer de grande pelo seu Salvador.

E quando o amor sofre, é-lhe alívio exclamar com toda sinceridade: "Meu Deus, eu vos amo!..."

Amor crucificado

(Segunda parte)

O amor faz participar do estado da pessoa amada. – Meu amor para com Jesus deve, pois, ser como era o seu Amor para comigo, um amor crucificante e um amor crucificado.

I

Amor crucificante.

1.º - Jesus crucificou-se. A mim também cabe crucificar-me com o meu Salvador pela expiação dos meus pecados passados – cada qual segundo sua natureza; meu orgulho, pela sua profunda humildade; minha vaidade, pelo seu desprezo dos homens sagazes e doutos, grandes e pequenos; meu amor-próprio, pelo abandono em que todos o deixaram; minha suscetibilidade, pela grosseria e falta de polidez da parte dos seus discípulos.

Jesus humilhou-se até revestir a forma de escravo, do leproso, do amaldiçoado de Deus e dos homens, do verme, pisado e repisado.

2.º - Jesus expiou minha sensualidade pela penitência de sua Vida. Uma alimentação parca, um leito duro, como a terra, uma mísera casa sem ornato, eis sua Vida de todo dia.

A pobreza fá-lo sofrer até que abrace a Cruz em que vai expiar os pecados de cada um dos seus membros culpados. Atam-lhe os Pés para depois pregá-los e assim expiar os meus passos culpados. Atam-lhe as Mãos para depois pregá-las, a fim de expiar minha vaidade, minhas delicadezas, todos os pecados cometidos pelas mãos. Põem-lhe na Testa sagrada a coroa de espinhos, a fim de expiar essas coroas de rosas, de vaidade, de orgulho que a minha testa soube trazer. Seus Olhos, jorrando Sangue, choram os meus maus olhares. Seus Lábios guardam o silêncio do Cordeiro a fim de expiar minhas palavras indignas. Suas Faces são esbofeteadas por mãos sujas e impuras, a fim de purificar as minhas.

Todo o seu Corpo é flagelado, coberto de Chagas. E essas Chagas, acrescidas do Sangue que delas corre, formam-lhe toda a vestimenta na Cruz. Eis como Jesus expia minha sensualidade.

3.º - Jesus expiou os meus pecados de cobiça, de ambição, de previdência que desconfia da Providência de Deus.

Nada possui e nada quer possuir. Vive da Providência divina do seu Pai. Vive da caridade dos seus discípulos. É este o sacrifício máximo do amor; não ter apego a mais nada, saber confiar só em Deus e abandonar-se ao mistério da sua Providência.

II

Amor crucificado.

A cruz é o alimento bem como a prova do amor divino. A cruz caminha ao lado da santidade da alma, seguindo-lhe os passos, a natureza, as Graças.

A alma que ama na verdade, ama, portanto, a cruz. Se amasse a Jesus pelo gozo, ou para o gozo, do seu amor, da sua paz, da sua felicidade, seu amor seria tão imperfeito quanto o amor-próprio que o soube inspirar.

É marca das grandes almas amar pela cruz e pelas diversas mortes que o amor pede. E, coisa admirável, Deus encontrou o segredo de fazer sofrer a alma até por entre as maiores Graças e na mais perfeita contemplação de sua Bondade.

Alma alguma jamais gozará de Deus como gozou a Alma humana de Jesus e todavia alma alguma jamais sofrerá como ela sofreu. "A Vida de Jesus, diz a *Imitação*, foi uma cruz, um martírio perpétuo" (L. 2, c. 12, v. 7).

A cruz é o fogo que purifica a alma e a embebe fortemente na virtude. É a espada com que conquistamos a nossa liberdade em relação às criaturas e que nos exonera de toda dependência ou escravidão humana. É o campo de batalha do amor divino, o altar do sacrifício, a maior glória de Deus.

Ó cruz de amor, adoro-te levando a Jesus Cristo! Vem, que eu te beije, te leve, te coroe. Tu serás a minha vida de amor.

TERCEIRA MEDITAÇÃO

A santa Vontade de Deus

O caminho mais curto, mais perfeito, mais amável para alcançar a perfeição é o caminho da conformidade com a Vontade divina. É o cumprimento do "seja feita a vossa Vontade". A santa Vontade de Deus deve, pois, ser a regra divina da minha vida.

I

A santa Vontade de Deus deve ser a lei soberana do meu espírito. Não devo pensar, julgar ou desejar senão de acordo com o pensar, o julgar ou o desejar de Deus. Então estarei sempre na verdade, na eqüidade.

Que diz, que pensa Jesus Cristo disso ou daquilo? Tal é a lei primeira da sabedoria. Ah! quantas vezes me enganei no meu juízo por consultar apenas o do mundo, do amor-próprio, do meu prazer?!

II

A santa Vontade de Deus deve ser a regra invariável da minha própria vontade. Nada de mais justo e razoável que a vontade do servo, do filho, seja sujeita à vontade do Mestre bom e sagaz, do pai dedicado.

E só é bom, santo e perfeito aquilo que Deus quer. E a santa Vontade de Deus é fácil – vai sempre acompanhada da Graça, que tudo torna leve, doce, amável. E aquilo que Deus quer de mim é a única coisa que me convém. Deus conhece a minha fraqueza, sabe de que necessito e escolhe sempre aquilo que me ficará melhor. Que me compete, pois, fazer, senão tratar de descobrir essa santa Vontade de Deus a meu respeito para cumpri-la com amor?

É a lei mais simples de vida mais apropriada a tudo quanto preciso. Que quer Deus de mim nesse momento? A regra do dever, do decoro, da caridade, me fará sempre conhecer essa sua santa Vontade.

A Graça interior dirige-me a todo momento para a sua Vontade santa, enquanto a divina Providência prepara os meios e as circunstâncias favoráveis. É que Deus se ocupa de mim como a mãe do seu filhinho. Como se só a mim tivesse no mundo para governar e santificar. Deus, na sua Providência maternal, nada deixa na minha vida entregue ao acaso. Tudo está previsto, preparado, pronto. Da minha parte, só me resta dizer: "Seja feita a vossa Vontade".

Ó lei boa e suave, escolho-vos e tomo-vos para a lei divina da minha vida. Em todas as coisas me perguntarei: "Que quer Deus?" Para logo acrescentar: "Eu também o quero".

III

A santa Vontade de Deus deve ser a lei régia do amor do meu coração. Não devo amar senão o que Deus ama, porque o ama, porque lhe agrada.

Por conseguinte, amarei a tudo quanto me vier da santa Vontade de Deus. Não tomarei em consideração se me apraz a mim ou ao mundo, mas sim se apraz a Deus, se lhe é agradável, se lhe dá prazer.

Meu coração descansará sem receio e sem tristeza no amor da divina Vontade, no seu bel-prazer. Só me sentirei satisfeito quando puder exclamar: "Cumpri com a Vontade divina!"

Ó meu Deus, renuncio à minha própria vontade para me consagrar e me dedicar todo inteiro à vossa! Nada mais quero saber, desejar ou amar senão a vossa Vontade santa, adorável e sempre amável!

SEXTO DIA

PRIMEIRA MEDITAÇÃO

O Serviço Eucarístico

Em servir a Jesus está minha vida, minha glória, minha felicidade.

Mas que virtude, que estado de Jesus se tornará o fim principal do meu serviço até lhe imprimir o cunho? E que hei de escolher em Jesus? Será a sua Infância divina em Belém? Será a sua Vida humilde e oculta em Nazaré? Ou será Jesus Crucificado que será para mim – como o foi para São Paulo – toda a minha ciência, todo o meu amor? Se, em qualquer desses estados, Jesus é infinitamente bom e amável, não é, todavia, neles que encontrarei o meu quinhão, a minha graça, o meu amor. Não preciso dum Mistério passado, dum estado passageiro. Preciso do mesmo Jesus, de sua adorável Pessoa.

Com Madalena quero prostrar-me aos seus Pés e beijá-los e com Marta servi-lo pessoalmente, ou, melhor ainda, com a Rainha dos servos de Jesus, com Maria Santíssima, sua Mãe, quero estar sempre ao lado de Jesus para sempre o poder servir.

E onde está Jesus, meu Salvador? Primeiro no Céu, depois na Eucaristia. E, se o Céu é para os Anjos e Santos coroados, a Eucaristia é para mim.

Jesus no Santíssimo Sacramento é, pois, o meu quinhão, belo e divino. Quinhão da Santíssima Virgem nos vinte e cinco anos que passou no Cenáculo. Quinhão das grandes almas amantes de Jesus.

Na Eucaristia encontrarei minhas alegrias e riquezas, minha morada, o palácio onde reside o Rei da minha vida e o Deus do meu coração!

Na Eucaristia encontrarei o meu Céu na terra. Aos seus pés farei o mesmo que os Anjos e os Santos fazem junto ao Trono celeste do Cordeiro! Ó meu Deus, quão bom fostes concedendo-me tamanha Graça! Chamando-me a uma vida tão deliciosa quanto santa. E, para torná-la fácil, vós me libertastes da escravidão do mundo e rompestes todo laço natural. Agora estou livre, sou senhor da minha vida.

E, para que eu pudesse consagrar essa vida toda à vossa Eucaristia, quisestes ser minha Providência paternal e constante a fim de que, livre de todo cuidado, de todo interesse temporal, de toda preocupação terrena, eu pudesse estar sempre convosco, todo dedicado a vossa Pessoa.

E para me tornar amável, depositastes no meu coração a vossa Caridade divina, a Graça da devoção eucarística. Incutistes-me o seu atrativo; fizestes-me sentir a sua necessidade, a sua lei de amor.

Ó Mestre querido, *Rabboni!* Que fiz eu para me prodigalizardes tanto Amor? E que posso fazer a fim de corresponder a esse mesmo Amor? Que dar em troca? Darei o meu coração e a minha vida, cujo eixo e regra haveis de ser.

I

A Eucaristia será o eixo do meu coração. Nela viverá, se inspirará, repousará, amará. Não nos disse Jesus que nosso coração estará onde estiver o nosso tesouro?" (Mt. 6,21).

Eu não terei outro tesouro senão vós, ó bom Jesus! Meu coração não precisará mais ir em busca do seu Bem-amado, porque já o encontrou. Meu amor não definhará mais com a vossa ausência, porque conheço a vossa morada.

Ó amante divino da minha alma, atraí-me inteiramente! Meu espírito com seus pensamentos; meu coração com seus desejos e suas afeições; minha vontade com suas ações; meu corpo com seus sentidos todos, a fim de que não viva mais em mim, mas viva unicamente em vós!

II

A Eucaristia será a regra de minha vida. E não é o serviço do amo a regra única, o dever absoluto do servo? Tudo por conseguinte que não se referir ao Serviço Eucarístico do meu Senhor ser-me-á de todo estranho. Tudo o que não tenda à sua Glória, ser-me-á indiferente. Tudo o que lhe seja contrário ser-me-á inimigo mortal.

Ah! Como poderei ver insultar e ofender de sangue frio o meu bom Mestre! Como lhe poderei ser infiel? Nunca! Mas hei de amá-lo e servi-lo para todo o sempre!

SEGUNDA MEDITAÇÃO

A Eucaristia é minha perfeição

Antes de alcançar uma posição de destaque na sociedade, um longo tirocínio se impõe. É coisa que requer muitos conhecimentos e muita experiência. Os servos do soberano são escolhidos entre os homens mais hábeis e perfeitos, pois a aprendizagem não poderia ser feita no serviço real.

Quantas Graças, quantas virtudes foram concedidas a João Batista para prepará-lo à sua missão de Precursor. E, para levar Maria a ser Mãe de Jesus, o que não fez a Santíssima Trindade!

Ora, não seriam necessárias a quem quisesse ser digno servo de Jesus a pureza dos Anjos, a santidade de João Batista, a perfeição e o amor da Virgem Santíssima?

E como poderei eu, sem virtudes, sem méritos e sem amor, ousar aproximar-me do Rei da Glória, de Jesus meu Deus?

Ó minha alma, tem confiança. Que a vista de tua pobreza não te desanime. Que tuas misérias não te afastem de Jesus. Que tuas próprias culpas te sejam outros tantos títulos com que te chegues à Infinita Bondade daquele que disse: "Ó vós todos que estais sob o fardo da pena e do trabalho, vinde a mim e Eu vos aliviarei!" (Mt 11,28).

Jesus fez da Eucaristia o Pão dos fracos e dos fortes, o remédio contra os pecados, a arma poderosa contra o demônio, o prodígio contínuo de sua Ressurreição e Vida nos seus membros enfermos e padecentes.

Vem, pois, ao encontro da santa Eucaristia, ao encontro de Jesus velado, Vítima Perpétua de Amor, teu Pão Vivo. Aí aos seus pés, encontrarás Graça, Força do bem, Luz e Amor!

Jesus é a Verdade e a Caridade.

O fogo, embebendo o ferro comido pela ferrugem, purifica-o rapidamente, tornando-o numa arma poderosa; e no fogo seca, sem demora, a lenha ainda verde e aquosa, incorporando-a a si enquanto transforma imediatamente em carvão ardente a lenha seca.

Lança, ó minha alma, todas as tuas misérias nesse Fogo Divino, como a palha é lançada ao lume. Mergulha tua veste batismal, já maculada, no Sangue puro e venerável do Cordeiro de Deus, que ficará alva e belíssima.

Abandona, ó minha alma, esse caminho que tão lentamente conduz ao Cenáculo, onde todo o tempo se passa na preparação até não sobrar mais nenhum para Deus.

Não comeces, por conseguinte, por ver as virtudes que te faltam adquirir, nem os méritos e sacrifícios próprios da santidade, mas atira-te, corpo e alma, no fogo divino do amor de Jesus Eucarístico e, com a Esposa dos Cânticos, com o discípulo querido, chega-te a Jesus, contempla-lhe a Bondade e o Amor na sagrada Eucaristia. Então do Tabernáculo voarás a todos os combates e enfrentarás todos os sacrifícios. Possuirás em ti o amor – e o amor é a onipotência tanto de Deus como do homem. Nota como Jesus transforma repentinamente a Pedro, que o renegará, num grande Santo. "Pedro, tu me amas?" "Ah, Senhor, vós bem sabeis que vos amo!" (Jo 21,15).

E o discípulo, respondendo a três perguntas por três atos de amor, está pronto para tudo. Então Jesus lhe confia a missão de Chefe da Igreja e revela-lhe o seu martírio. O amor o preparara – ele saberá ser fiel.

É que o amor, de uma vez tudo inspira, forma e aperfeiçoa. É que o amor suscita forçosamente imitadores. Qual amor, tal vida.

TERCEIRA MEDITAÇÃO

A Vida Eucarística de Jesus

A conveniência, o amor e o meu próprio interesse pedem que eu viva da Vida de Jesus no Santíssimo Sacramento. A Vida Eucarística de Jesus será, pois, a regra, bem como o fim da minha.

Ora, esta Vida apresenta dois caracteres bem diversos.

I

É, primeiro, um estado velado. Podemos exclamar ao contemplar o Mistério Eucarístico: "Vós sois na verdade um Deus oculto!" (Is 45,15 - Vulg.).

Todas as virtudes e ações de Jesus no seu divino Sacramento revestem este caráter. Vemos sua bondade prodigalizar a todos nós os dons e as graças do seu amor, enquanto nos subtrai a mão que as espalha e mesmo o coração que as oferece. Ele quer por sua vez que eu faça o bem, sem ostentação, ignorado do mundo e tendo-o a Ele por testemunha única.

Sua santidade continua a praticar no estado sacramental as virtudes magnas de sua Vida mortal. Sua pobreza é total. Espera que o seu sacerdote lhe forneça a matéria do Sacramento, o tabernáculo, o cibório – Jesus só traz consigo o seu amor. Sua obediência é constante, universal e perpétua, mas ninguém a vê. Sua Pessoa Divina, para defender-se dos seus inimigos, dos sacrílegos profanadores, só dispõe da grandeza do seu Amor. Ele aí está misticamente crucificado, despercebido de todos – só a Fé no-lo mostra. Sua pureza é perfeita, mas os véus eucarísticos ocultam-lhe a beleza e o brilho. Sua caridade aí está, maternal e inesgotável e, todavia, as Mãos divinas que estão a espalhar os benefícios não aparecem.

As minhas virtudes também devem todas ser simples e ocultas a fim de se tornarem, quais as de Jesus, todas eucarísticas.

II

É o segundo, um estado todo interior, em Deus. É uma ação toda oculta.

Que faz Jesus no Santíssimo Sacramento? Se não vai mais em busca da ovelha desgarrada, aguarda-a, no entanto, com carinho, chamando-a a si, porquanto o seu

Amor fê-lo prisioneiro no seu Tabernáculo a fim de estar sempre à disposição do homem.

Jesus não fala mais em voz alta, no meio do povo, nas praças públicas, nem sequer no seu templo. Sua voz é baixa, toda íntima. Ele pede maior atenção da nossa parte e, por conseguinte, quer que reine calma e silêncio profundo em redor.

A perfeição do amor consiste antes em ouvir que falar, em contemplar que em trabalhar ativamente. Tal a atitude de Madalena aos pés do Salvador.

A oração no seu divino Sacramento é toda de silêncio. Não se ouve, como outrora no Jardim das Oliveiras, ou na Cruz, nem sua voz nem seus suspiros. Jesus ora, enquanto se aniquila ante a Majestade do Pai celeste.

Ama. Mas não lhe vemos as chamas da divina Caridade. Apenas lhe sentimos a força e a doçura.

Da Hóstia Imaculada santifica o mundo, mas de modo invisível e todo espiritual. Do seu Tabernáculo, como dum trono, governa o mundo, sem, todavia, deixar o seu repouso divino em Deus.

Tal deve ser o reinado de Jesus em mim, todo interior. Devo recolher-me totalmente aos seus pés – faculdades e alma e, na medida do possível, os sentidos.

Devo viver com Jesus em Deus, e não comigo mesmo. Orar com Ele. Imolar-me, portanto, com seu Sacrifício. Consumir-me no seu próprio Amor. Tornar-me uma mesma chama, um mesmo coração, uma mesma vida em Jesus-Hóstia!...

Terceiro Retiro

De oito dias aos Religiosos do Santíssimo Sacramento sobre a vocação eucarística

Abertura do retiro

MEDITAÇÃO PREPARATÓRIA

Fim do retiro

"Conduzirei a alma dileta à solidão e ali lhe falarei ao coração" (Os 2,14 - Vulg.), diz o Espírito Santo. E que lhe dirá Jesus? Começará por lhe mostrar a sua Vontade em relação à sua alma, para depois atraí-la a si. E nisto temos as duas maiores provas de Amor que Jesus possa dar a uma alma.

I

Não há coisa mais importante, ou mais urgente para mim, do que conhecer a vocação de Graça em que Deus me quer, já que disto depende minha salvação, minha perfeição, minha perseverança final – numa palavra – minha eternidade.

Ora, é no retiro que Deus me manifestará clara, suave e fortemente a sua Vontade adorável e sempre amável. E a prova disto, sinto-a no meu íntimo, porquanto há muito que Ele me atrai e me convida a um recolhimento maior e a idéia do retiro por toda a parte me acompanha. É

Deus quem me quer falar, mas só o fará a sós comigo. Ah! meu Deus, deixo então tudo, negócios, estudos, parentes, amigos, família e chego-me aos vossos pés para ouvir e meditar vossa Palavra divina.

Venho me pôr, com São Paulo, inteiramente à disposição da vossa Vontade e dizer-vos, com ele, com toda sinceridade: "Senhor, que quereis vós que eu faça" (At 9,6), ou com Davi: "Meu coração está pronto, Senhor, meu coração está pronto!" (Sl 56,8).

Mas, para poder ouvir nitidamente a voz de Deus, devo procurar a solidão, o silêncio profundo e destarte recolher-me bem em mim mesmo, pois Deus fala ao coração. Urge, por conseguinte, que eu esteja em casa para receber a visita do meu augusto soberano.

Afastarei, portanto, do meu espírito todo pensamento, toda e qualquer preocupação estranha, para me ocupar de uma só coisa – o meu retiro.

II

No retiro, Jesus me atrairá a Si. E de que modo? Pela doçura e força do seu Amor, donde receberei a Graça eficaz para cumprir com sua Vontade conhecida.

Se, na sua Infinita Misericórdia, Deus me chamar a servi-lo na Vida Religiosa, eu o louvarei. É a Graça das graças. Mas para alcançar a Terra Prometida, é preciso abandonar o Egito e pôr de lado todo bem próprio. Para conquistar essa terra abençoada, é preciso atravessar o deserto, travar combates longos e penosos.

O mundo procurará seduzir-me, amedrontar-me. A natureza se assustará e, temendo os sacrifícios, pedirá uma delonga, prometendo tudo fazer futuramente. Meu pobre coração estremecerá ante tantos laços a quebrar, tantas tempestades a enfrentar.

Sozinho, não me é possível vencer. Jesus, porém, no retiro, me falará: "Vinde e segui-me. Vinde a mim e Eu vos darei a paz já neste mundo e depois no Céu".

Levar-me-á pela mão, conduzir-me-á ao Cenáculo e lá serei todo dele e Ele todo meu – e o amor se encarregará do restante.

Se Deus, pelo contrário, não me chamar à Vida Religiosa, Ele mo dirá, e minha alma ficará em paz. Então deverei servi-lo no mundo, do melhor modo possível. Mas aí precisarei de virtude maior para lhe permanecer fiel por entre tantos inimigos, todo entregue à minha própria fraqueza. Deus, porém, não me recusará esta força, já que não procuro senão a sua santa Vontade.

Mas, para impedir que a carne, o sangue, ou o amor-próprio sejam juízes de minha vocação, coloco-me desde já e incondicionalmente à disposição da Graça e da obediência.

Consagro-vos, ó Maria, este retiro, o mais importante da minha vida. Dirigi-o, fazei-o comigo, para que possa cumprir fielmente com todos os exercícios e receber toda a Graça inerente.

PRIMEIRO DIA

PRIMEIRA MEDITAÇÃO

Da salvação

"Que vale ao homem ganhar o universo se vier a perder a sua alma? E que não daria para resgatá-la, uma vez perdida?" (Mt 16,26), são palavras de Nosso Senhor.

I

Salvar a minha alma, tornar-me santo, eis o principal negócio de minha vida. Ser rico, honrado, prezado, servido, isto não tem valor algum e será antes um perigo, uma grande desgraça se der ocasião a que peque ou me leve a descuidar-me de minha salvação – pois na morte acaba tudo.

Com efeito, que me valerá perante Deus, ter feito fortuna, alcançado posição de destaque e de influência no mundo, ou gozado de todos os bens da vida, se nada fiz para o Céu, se não amei e servi a Deus, meu derradeiro fim?

A obra de minha salvação e, por conseguinte, o meu primeiro dever enquanto tudo o mais não passa de bagatela e loucura.

II

Salvar a minha alma é negócio pessoal. Não posso descansar em ninguém, nem com ninguém repartir o trabalho.

Trata-se de fazer penitência pelos pecados cometidos e me corrigir dos meus vícios, combater as minhas paixões, praticar as virtudes de humildade pureza, paciência – e isto ninguém o poderá fazer por mim. Trata-se de pagar a Deus a minha dívida de justiça e quem pode amar, honrar e servir a Deus em meu lugar? Eu, e só eu, posso fazer frutificar a Graça de Deus em mim e compor, pelos méritos de cada dia, a minha coroa eterna. "Assim como se semeia, assim se há de colher" (Gl 6,8 - Vulg.).

É porque as virtudes do próximo não me tornarão virtuoso, nem suas vitórias e seus triunfos me darão lucro algum, mas sim me causarão uma grande confusão no derradeiro dia, quando o Soberano Juiz me disser: "Bem poderíeis ter feito aquilo que os outros souberam fazer".

III

Salvar a minha alma é negócio urgente – negócio preso a esta vida, e ai de mim se não estiver feito quando sobrevier a morte e soar a hora do Juízo!

A vida é curta e para reunir o montante da coroa do justo é mister apressar-me para que a morte não me tome de improviso, em plena labuta. E, no entanto, a morte me pode surpreender a qualquer momento, pois acompanha-me sempre contando os meus passos, fixados pelo decreto eterno e imutável do Criador. E, se me viesse a ferir já neste instante, poderia eu prestar contas em dia da minha administração? Estou eu pronto a comparecer perante o meu Juiz? Aproximar-me-ei com confiança, qual servo bom e fiel, que, tendo cumprido cabalmente com todas as vontades do seu mestre, aguarda, sereno, a recompensa?

Ah! Meu Deus! "Tende paciência comigo, e tudo vos hei de pagar." *"Patientiam habe in me, et omnia reddam tibi"* (Mt 18,26). Ainda alguns dias de Misericórdia e serei mais fiel. Conto fazer este retiro para me renovar no vosso santo Serviço, começar vida nova, tornar-me santo.

Ó Maria, Mãe de Graça e de Misericórdia, lanço-me aos vossos pés, peço-vos que me salveis do perigo de perder a minha alma, me coloqueis no caminho que leva ao Céu e me guardeis, para que um dia eu possa lá chegar, felizmente.

SEGUNDA MEDITAÇÃO

Servir a Deus

Deus, ao criar-me, ditou-me um magno mandamento: "Servi o vosso Deus e observai os seus mandamentos. Nisto está todo o homem". *"Deum time, et mandata ejus observa: hoc es enim omnis homo"* (Ecl 12,13).

Servir a Deus por amor é o meu único fim na terra. E quais são os deveres desse Serviço divino? São em número de três.

I

O primeiro dever consiste em render a Deus a homenagem de todo o meu ser, de todo o meu espírito, de todo o meu coração, de toda a minha vontade, de todos os meus sentidos. Tudo em mim deve tender a honrá-lo, glorificá-lo como Criador e último fim meu que é. Se me furtar a isso, serei qual terra estéril, servo inútil ou filho ingrato, já que Deus só me criou para si. *"Res fructificat domino."* "Todos os frutos são para o mestre." Deus deve, portanto, ser a lei soberana dos meus pensamentos, dos meus afetos, das minhas ações.

Vivi eu só para Deus? Dediquei-lhe integralmente os meus atos, os meus afetos? Ai de mim! Se contar todos os pensamentos maus, ou sequer indiferentes, que me ocuparam o espírito; todas as afeições humanas, terrenas ou mesmo ruins que me encheram o coração; todas as ações feitas sem o pensamento em Deus, sem pureza de intenção, levado por simples motivo natural ou mau, que restará para a Glória ou Serviço de Deus? Quantos anos, quantos dias sequer poderei contar como tendo sido empregados ao seu Serviço? Que me ficará, na hora da morte, desta vida tão agitada, tão penosa? Talvez Deus me venha dizer que eu não passei dum servo mau e infiel que só serviu ao seu inimigo – isto é – ao mundo e ao demônio.

II

O segundo dever do Serviço divino consiste em ser um dever soberano, isto é, que todo e qualquer outro dever, natural ou cívico, lhe deve ser subordinado. Propor-se-me ou exigir-se de mim um serviço em contradição com o de Deus, é crime de lesa-majestade e quem o cometer se tornará logo o meu mais cruel inimigo.

São Pedro, ante as proibições e ameaças dos príncipes dos sacerdotes, só respondeu: *"Obedire oportet Deo, magis quam hominibus"*. "É preciso obedecer a Deus de preferência aos homens." (At 5,29).

Qual tem sido minha conduta neste ponto? Quantas vezes obedeci às criaturas de preferência a Deus! Quantas vezes, por fraqueza, por temor ou respeito humano, violei a Lei de Deus, fui infiel, envergonhei-me do meu soberano Senhor, do meu Deus! Que devo fazer de agora em diante?

III

O terceiro dever do Serviço divino consiste em ser um dever imperioso e decisivo. Não me é lícito escolher o meu mestre, ditar-me uma lei, um fim diferentes daqueles que me foram fixados por Deus.

Se quiser gozar neste mundo e no outro de felicidade, sou obrigado a servi-lo. *"Pax multa diligentibus legem tuam."* "Uma grande paz, Senhor, é a partilha daqueles que amam a vossa Lei" (Sl 118,165). "Se quiserdes entrar na vida eterna, disse Jesus Cristo, observai os mandamentos." *"Si vis ad vitam ingredi, serva mandata"* (Mt 19,17).

Doce necessidade que me obriga a servir a um Deus tão bom, tão amável, tão magnânimo em suas recompensas! Mas ai de mim, se servir ao mundo, e não a Deus! Já nesta vida serei o mais celerado e desgraçado dos homens e, quanto à outra, merecerei certamente o castigo do servo ingrato e infiel que foi lançado pela Justiça Divina nas trevas exteriores, onde haverá eternamente gemidos e ranger de dentes.

Que devo fazer? Servir a Deus. Adorá-lo em espírito e em verdade. Amá-lo de todo coração. Ser dele, só dele, sempre dele.

TERCEIRA MEDITAÇÃO

Conhecimento de si mesmo

Conhecer a Deus, a Jesus Cristo meu Salvador. Conhecer sua Verdade, sua Vida, seu Amor, eis a primeira ciência que devo possuir. Conhecer-me a mim, tal qual sou, eis a primeira virtude do cristão, o primeiro passo em direção a Deus.

I

Ora, quem sou eu? Que sou por mim mesmo?

1.º - Por mim mesmo, nada sou – o nada, tal é a minha origem. Ora, o nada não é digno nem de estima nem de amor – que mereço eu, pois? "Que tendes vós que não recebestes, diz São Paulo, e se todo bem que tendes é um dom, por que vos glorificar como se fosse bem próprio?" (1 Cor 4,7).

2.º - Por mim mesmo, nada posso na ordem espiritual. "Sem mim nada podeis" (Jo 15,5), disse-nos Jesus Cristo. Por mim mesmo não posso sequer ter um pensamento de salvação, nem pronunciar com fruto o santo nome de Jesus – tal o meu poder negativo. (cf. 1Cor 12,3)

3º - Por mim mesmo posso uma coisa – coisa horrível, abominável: posso pecar, ofender a Deus, violar sua Lei, crucificá-lo no meu coração, persegui-lo, destruir o seu reinado em outrem. Posso, numa palavra, me danar apesar de Deus e da sua Graça, apesar do seu Amor e de sua Redenção.

Que terrível poder! Eis tudo o que sou, tudo o que posso. Haverá nisto algo de que me ufane ou me preze?

II

Tal quanto ao fundo do meu ser. Mas quanto ao meu estado atual, qual é ele?

1.º - Qual o estado natural do meu corpo? Perfeito ou disforme? Distinto ou vulgar? Sadio ou enfermo? Não levo eu já em mim esse *responsum mortis,* essa segurança da morte com que a árvore a cair inicia o seu movimento inclinado? Que falta ainda à santificação do meu corpo, a essa Vida de Jesus Cristo em meus membros?

2.º - Qual o meu temperamento? Ardente ou mole? Tenaz ou fraco? Ousado ou tímido? Guia-me o espírito ou o coração? Que domina em mim? Será a busca da estima humana, da glória, da ciência, da reputação? Ou antes o amor desregrado dos bens terrenos, ou de alguma criatura? Ou ainda o gosto pelas comodidades, pelo bem-estar, pelo conforto, pela independência?

3.º - Qual a paixão dominante da minha vida? Qual a paixão que, por assim dizer, inspira habitualmente meus pensamentos, meus desejos? O eixo de minhas afeições, o objeto ordinário das minhas tentações? A causa ordinária da minha infidelidade aos meus deveres, dos meus pecados de cada dia? Qual o objeto de minha tristeza ou alegria, de minhas simpatias ou antipatias?

4.º - Quais os meus hábitos de piedade? Minhas orações cotidianas? Minhas devoções particulares? A que obedece a minha meditação ordinária? Que domina nela? Que método emprego? A reflexão ou a afeição? Qual é o meu estado habitual na oração? A que fim visa? Quais seus frutos? Quais as resoluções habituais? Saberei cumpri-las? Faço ou fielmente o meu exame de consciência? Meu exame particular? E qual o seu objeto? Qual a freqüência de minhas Confissões e Comunhões? Que método observo nelas?

5.º - Tenho eu um atrativo da Graça? Qual é? Qual a minha devoção especial? Qual a que tenho pelo Santíssimo Sacramento? Pela Virgem Maria?

6.º - Goza a minha alma de paz? Estou contente com Deus e está Deus contente comigo? *"Pax hominibus bonae voluntatis".* "Paz aos homens de boa vontade" (Lc 2,14).

SEGUNDO DIA

PRIMEIRA MEDITAÇÃO

O estado de Graça

A qualidade, bem como a salvação do cristão, está no estado de Graça.

I

Sem esse estado, todas as boas obras são estéreis para o Céu e jamais receberão sua recompensa. Não estão inscritas no Livro da Vida. São obras moralmente boas apenas, já neste mundo recompensadas. Não nos diz São Paulo que "embora falasse todas as línguas humanas e angélicas, se não tivesse caridade ou não estivesse em estado de Graça, não passaria dum bronze sonoro e dum címbalo retumbante"?

"Embora fosse profeta, penetrasse todos os mistérios, possuísse todas as ciências e tivesse uma fé capaz de transportar montanhas, nada seria se não estivesse em Graça com Deus."

"Embora distribuísse todos os bens aos pobres, entregasse o corpo às chamas, isto de nada me valeria se não estivesse em estado de Graça" (1Cor 13,1-3).

Eis a lei, a regra primeira da salvação. Quão triste é para o homem, em estado de pecado mortal, saber que sua vida não vale para o Céu e que só possui uma simples aparência de vida!

"Escreve ao Anjo de Sardes, disse Jesus Cristo: conheço tuas obras; julgam-te vivo, mas és qual morto em minha Presença" (Ap 3,1). E ao Anjo de Laodicéia: "Julgas estar rico e na abundância, mas ignoras que em minha Presença és desgraçado, miserável, pobre, cego e nu" (Ap 3,17).

Ai de mim! Não é esta a imagem fiel do que fui aos Olhos de Deus, quando tive a desgraça de estar em estado de pecado?

Que perdas irreparáveis para mim! Semeei ventos de orgulho e de amor-próprio, e agora que me resta perante Deus? Restam-me, infelizmente, apenas tempestades... Ou antes só a Misericórdia de Deus.

II

Sem o estado de Graça não há virtude real, pois falta-lhe Vida e não passa dum simples cadáver de virtude. Sem a seiva espiritual, o Amor de Deus não a embeleza e o Céu não há de coroá-la. *"Magni passus, sed extra viam"*, dizia Santo Agostinho, das virtudes morais dos romanos. "Passos largos, na verdade, mas fora da estrada".

A virtude, que é? É a Vida de Jesus Cristo em nós, é o triunfo da sua Graça e do seu Amor sobre a nossa concupiscência.

Ora, o estado de pecado mortal é o triunfo dessa mesma concupiscência sobre a virtude; é o triunfo do amor de si mesmo sobre o Amor soberano de Deus; do velho homem sobre o homem novo, e aquele é naturalmente orgulhoso, sensual, ambicioso, e só Jesus Cristo pode torná-lo humilde, casto e generoso.

III

Sem estado de Graça não pode haver amor sobrenatural de Deus, porque o pecado mortal combate diretamente a Lei divina, calca-a enquanto despreza a Justiça e a Bondade de Deus. É o pecador crucificando a Jesus Cristo no seu coração e no seu corpo.

Ora, um rebelde não pode ser classificado como servo fiel, nem um assassino ou traidor como amigo.

IV

Sem estado de Graça não haverá paz, ou felicidade alguma, quer neste mundo, quer no outro.

O pecado é um veneno. É um crime de lesa-divindade que traz consigo sua própria condenação e já neste mundo padece o seu suplício. Infeliz de quem está longe de Deus, envolto na tirania do demônio e das paixões! Que dura escravidão é a sua!

E que é o inferno? É a punição eterna do pecado mortal. É um remorso que não acaba. Um fogo que não se apaga. Uma malícia que não tem fim.

O pecado mortal é, portanto, o meu maior inimigo, é o pior mal possível. A mim por conseguinte cabe odiá-lo soberanamente, combatê-lo fortemente, morrer antes que o cometer.

E o estado de Graça é meu bem soberano, por fecundar eternamente a minha vida, encher-me de bens, coroarme de glória, tornar-me cidadão do Céu, membro de Jesus Cristo, um outro Cristo. *"Christianus alter Christus."*

SEGUNDA MEDITAÇÃO

A Vida sobrenatural

O homem dispõe de três vidas, a escolher: a dos sentidos – vida animal. A da razão – vida terrena que visa à honra e à sabedoria humanas. A da Fé – Vida sobrenatural que leva o *justo*. *"Justus autem ex fide vivit"* (Hb 10,38).

Ora, que é esta Vida sobrenatural?

I

A Vida sobrenatural procede de Deus, da Graça divina. Não é fruto da natureza, e sim, dessa Graça Santificante que nos coloca, aos Olhos de Deus, num estado de caridade e de vida. Graça santificante que justifica a alma culpada, que se humilha e se arrepende. *"Cor contritum et humiliatum, Deus, non despicies"* (Sl 50,19).

Esta graça justificante está ao dispor de toda alma. É a graça de contrição e do Sacramento da Penitência recebido de fato ou pelo menos desejado.

Ah! que Bondade é esta de Deus que me colocou entre as mãos a Graça do meu perdão! Se os Sacramentos me obtêm o perdão imediato dos meus pecados veniais, a contrição perfeita remite até os mortais. Posso, portanto, estar sempre e de modo atual em estado de Graça, primeira condição exigida para a Vida sobrenatural, ativa e meritória da Vida eterna.

Ah! dispondo de tão poderosos meios de salvação, como poderia permanecer em estado de pecado? Quão grande seria, então, minha ingratidão, minha culpa!

II

A Vida sobrenatural trabalha para Deus.

Se o estado de Graça me torna filho de Deus e cidadão do Céu, não é, todavia, um mérito sobrenatural. Preciso ainda trabalhar para Deus pela reta intenção, que o procura a Ele, a sua Lei, a sua Vontade divina, a sua Glória ou então vise a outro qualquer motivo de Fé.

Esta intenção sobrenatural, se não foi atual, deve pelo menos ser habitual. Quanto mais pura e perfeita for, tanto maior será perante Deus, embora pareça pequena ou vil aos olhos dos homens ou de fato o seja.

E quantas ações perdi por culpa própria, quando um simples pensamento bastaria para divinizá-las. Permaneceram todavia humanas. E se o valor da vida se mede diante de Deus pelo sobrenatural – ai de mim! – Quão pouco vivi eu!

III

A Vida sobrenatural põe toda a sua perfeição em viver em Deus.

Carecemos dum centro de vida onde possamos descansar, nos fortificar, nos regozijar, nos animar a empreender coisas melhores. Enquanto o homem dos sentidos vive de sensações e o homem natural dos bens naturais, o justo vive de Deus.

"Qui manducat meam Carnem, et bibit meum Sanguinem, in me manet, et ego in illo" (Jo 6,57 - Vulg.). "Quem come a minha Carne e bebe o meu Sangue, permanece em mim e eu neles, disse-nos Jesus Cristo, e São Paulo acrescenta: *"Qui adhaeret Domino unus spiritus est"*. "Quem estiver unido a Deus, com Ele formará um mesmo espírito" (1Cor 6,17).

Sabemos que Deus é o centro duma alma, quando a sua Vontade é toda a sua felicidade, e o seu Amor é o inspirador de sua vida, o seu grande motor, a sua grande virtude. Então Deus reina realmente nessa alma. *"Anima justi sedes est Dei"*, diz São Gregório. "A alma do justo é a morada de Deus."

O meu tesouro está onde estão os pensamentos, os desejos e os gozos do meu coração.

TERCEIRA MEDITAÇÃO

Combates da Vida sobrenatural

A Vida sobrenatural encontra em mim três inimigos – o demônio, o mundo e o homem velho – que, atacando-a incessantemente, querem sujeitá-la à vida dos sentidos.

I

No demônio tenho um tentador habitual, inimigo irreconciliável de Deus e do homem que me quer levar a acompanhá-lo na sua revolta contra o Criador. Tenta-me também pelo orgulho – que é a sua natureza –, pelos sentidos e pelas criaturas, ansiando tornar-me idólatra de qualquer coisa.

Inimigo invisível, ataca-me de imprevisto. Inimigo terrível, possui a ciência de perder as almas. Inimigo pérfido, lisonjeia as paixões, seduzindo o homem por falsos bens. Inimigo astucioso, transforma-se em anjo de luz para iludir o homem, aparentando o bem.

Satanás, eis o meu inimigo. No entanto com a Graça de Deus, minha força supera a sua. Pode, é verdade, tentar-me, mas nunca me violentar.

Que devo fazer?

1.º - Desmascarar-lhe os manejos ocultos, revelando-os.

2.º - Combatê-los pela Fé.

3.º - Armar-me da oração, e pedir a proteção da Santíssima Virgem.

II

No mundo, que as mais das vezes é instrumento do demônio, tenho um segundo inimigo e inimigo ainda mais perigoso, porque vivo em sua companhia, e lhe estou ligado pela minha natureza, pelas minhas relações, pelos meus deveres.

Ora, o mundo é inimigo de Jesus Cristo.

1.º - É inimigo de suas Verdades pelas falsas máximas que professa, repelindo os Mistérios de Cristo, Verdades que combatem as suas paixões.

2º - Inimigo de suas Virtudes, desprezando a humildade, a castidade, a penitência de Cristo;

3º - Inimigo do seu Amor, querendo amar simultaneamente a Jesus Cristo e as criaturas, os gozos e as honras da vida.

Ah! quão falso e pérfido é o mundo! Alegra-se na ruína da virtude de Jesus Cristo e tem como triunfo poder sujeitar, corromper e desonrar um cristão.

Que devo eu fazer?

1.º - Acautelar-me contra o mundo incrédulo, impuro, ímpio, eclético.

2.º - Ter a coragem de minha convicção religiosa e sustentar a glória do meu Mestre Jesus Cristo, sem jamais me envergonhar, mas considerar como uma glória o meu título de cristão.

III

Em mim mesmo tenho o meu terceiro e pior inimigo. O homem espiritual de Jesus Cristo está preso ao velho homem de Adão por algemas e uma luta intestina se trava incessantemente entre esses dois homens que levo em mim.

São os sentidos que se levantam contra o espírito; o prazer contra o dever; o gozo atual contra a mortificação de Jesus Cristo. E, coisa mais triste ainda, o velho homem em mim está de conivência com o mundo e o demônio. Sou traído por um pedaço de mim mesmo. Sou um campo perpétuo de batalha.

São Paulo, sob o peso desse rude combate, exclama: "Quem me há de livrar deste corpo de morte?" Para logo responder: "A Graça de Deus, por Nosso Senhor Jesus Cristo" (Rm 7,24-25). E para ser sempre senhor de si, acrescentava: "Castigo o meu corpo e reduzo-o à servidão" (1Cor 9,27) sob a Lei de Cristo.

Eis também o que devo fazer.

Saber dominar os meus sentidos, o meu coração, o meu espírito e governá-los, qual piloto que, com o leme, governa o seu barco. Dominá-los, qual rei aos seus súditos. E como? Pelo amor soberano de Jesus Cristo, que há de reinar no lugar do meu amor-próprio.

TERCEIRO DIA

PRIMEIRA MEDITAÇÃO

O Sacerdócio

O Sacerdócio é a dignidade maior que há sobre a terra. Supera a dos reis. Seu império se exerce sobre as almas. Suas armas são espirituais. Seus dons são divinos. Sua glória, seu poder, os do próprio Jesus Cristo.

O Sacerdócio gera as almas à Graça e à Vida Eterna. Possui as chaves do Céu e do inferno. Tem todo poder até sobre Jesus Cristo, a quem faz descer cada dia sobre o Altar, e de quem recebe todo o Poder gracioso. Pode perdoar qualquer pecado, pois Deus se comprometeu a ratificar no Céu a sentença dada na terra.

Poder formidável! Poder divino que ordena ao próprio Deus!

O Anjo é servo do Sacerdote. O demônio treme em sua presença. A terra considera-o como seu salvador enquanto o Céu nele vê o príncipe que lhe conquista Eleitos. Jesus Cristo tornou-o num outro Cristo. É um Deus por participação. É Jesus Cristo operando.

II

O Sacerdócio é o estado mais santo. E a vida deve estar em relação com a dignidade.

Quão *pura* deve ser a vida do padre! Mais pura, afirma São João Crisóstomo, que os raios do sol, uma vez que deve ser um mesmo sol. *"Vos estis lux mundi"* (Mt 5,14). Mais incorruptível que o sal, que serve para preservar outras substâncias da corrupção. *"Vos estis sal terrae"* (Mt 5,13). Mais casto que as virgens. Anjo num corpo mortal, morto já a toda concupiscência.

Quão *humilde!* Sua humildade deve igualar a sua dignidade. Tudo quanto o eleva vem do próprio Deus, mas tudo quanto o rebaixa vem dele mesmo. Por si só é pecado, miséria, nada.

Quão *caridosa!* Sua caridade deve ser tão grande quanto o próprio Deus, que não o fez senão o seu ministro de caridade e de misericórdia na terra.

Quão *doce!* Sua doçura deve ser a do seu bom Mestre, a quem os povos chamavam de *a suavidade,* a quem as crianças amavam como a mesma Bondade.

O sacerdote deve ser a imagem viva de Jesus Cristo, até poder dizer a todos, com São Paulo: *"Imitatores mei estote, sicut et ego Christi"* (1Cor 11,1).

III

O Sacerdócio é o ministério mais glorioso para Deus.

1.º - O sacerdote completa a criação divina, elevando o homem a Deus e refazendo-o à sua imagem e semelhança, maculadas e desnaturadas pelo pecado. *"Creati in Christo Jesu"* (Ef 2,10). Pelo seu ministério somos recriados em Jesus Cristo.

Ergue as ruínas desse edifício magnífico e fá-lo numa obra-prima de Graça, num objeto em que Deus se há de comprazer. O homem batizado torna-se novamente filho de Deus, enquanto o homem santificado se torna um membro honroso de Jesus Cristo, rei espiritual do mundo.

2.º - O sacerdote prolonga a missão do Salvador sobre a terra.

No Altar continua e remata o Sacrifício do Calvário, aplicando às almas os frutos divinos da salvação.

No confessionário, purifica-as no Sangue de Jesus Cristo, gera-as à santidade do seu Amor.

No púlpito, publica a sua Verdade, o seu Evangelho de amor. Reflete nas almas os raios desse sol divino que ilumina o homem de boa vontade, fecundando-o.

Aos pés do Tabernáculo, adora o seu Deus oculto por amor, como os Anjos o adoram em sua Glória. Aí ora pelo seu povo. É o mediador poderoso entre Deus e o mísero pecador.

No mundo, o sacerdote é o amigo do pobre, consolador nato do aflito; é o homem de Deus. Quão bela é a sua missão, mas quão santo deverá ser para poder servir dignamente a Deus e não se perder, como o anjo, pelo orgulho de sua dignidade!

E como adquirir essa santidade? Por Jesus Cristo, que o ama e lhe prodigaliza as suas Graças, os seus favores.

A águia voa com mais força e mais facilidade que o passarinho, pois sua força está nas suas asas. A do sacerdote está no amor régio de Jesus Cristo, seu Mestre.

SEGUNDA MEDITAÇÃO

O Serviço de Jesus Cristo

O sacerdote provém de Jesus Cristo. Tal é sua origem divina. Tudo quanto tem, tudo quanto possui, provém do Amor do Salvador. Toda glória deve, portanto, lhe pertencer. *"Non nobis, Domine, non nobis, sed nomini tuo da gloriam"* (Sl 113,9).

O Padre é tudo para Jesus Cristo, que por sua vez é o fim do seu Sacerdócio, o fim sublime de todas as Graças de sua sublime vocação. *"Vos autem Chriti, Christus autem Dei"* (1Cor 3,23). Deve, pois, estar todo entregue ao Serviço de Jesus Cristo, seu bom Mestre, qual servo fiel e dedicado.

Ora, o Serviço de Jesus Cristo pede três requisitos, ou qualidades.

I

A primeira qualidade do Sacerdote de Jesus Cristo é libertar-se do mundo. Não se pode servir a dois mestres – e mestres tão opostos quanto Jesus e o mundo.

O Sacerdote deve, por conseguinte, estar morto a toda glória, todo prazer, todo bem, todo afeto terreno, pois só em Jesus Cristo encontrará sua glória, seus prazeres, seus bens, suas afeições... *"Si de mundo fuissetis, mundus quod suum erat diligeret; quia vero de mundo non estis... propterea odit vos mundus"* (Jo 15,19).

Amo eu ainda o mundo? Ocupam-me e agradam-me sua glória, seus bens, seus afetos? Que desgraça! Sou um Padre mundano, despido da qualidade própria do Sacerdote de Jesus Cristo, que consiste em estar morto e em viver oculto com Jesus em Deus. *"Mortui estis, et vita vestra est abscondita cum Christo in Deo"* (Cl 3,3).

II

A segunda qualidade do Sacerdote é consagrar-se exclusivamente ao serviço pessoal de Jesus Cristo, cumprir com sua santa Vontade no que lhe diz respeito e com os deveres do seu Sacerdócio.

O estudo da lei sagrada passará, pois, antes de qualquer outro estudo, enquanto todo estudo contrário ou perigoso ao fim do seu sacerdócio será afastado. Quão censurável, quão indigno seria o Sacerdote que tudo soubesse, e não soubesse a Santa Escritura, a teologia, os santos cânones.

O Sacerdote deve consagrar-se exclusivamente às suas santas funções; tudo submetendo ao serviço do Rei, e tudo fazendo desaparecer em sua presença.

O serviço do próximo virá em segundo lugar, primeiro o de Jesus Cristo. O servo só será atendido depois do Mestre. *"No vero orationi et ministerio verbi instantes erimus"* (At 6,4), diziam os apóstolos. *Orationi,* primeiro oração. As funções soberanas do Sacerdote são, portanto, a Santa Missa, o Ofício Divino, a união a Jesus Cristo.

Ai de mim! Quantas vezes trabalhei à margem do meu Sacerdócio! *"Magni passus, sed extra viam!"* Quantas vezes deixei o Mestre para procurar estranhos! O serviço de Deus para o do mundo! Que me será dado ouvir do meu soberano Juiz?

III

A terceira qualidade do Sacerdote é ser todo dedicado à glória do Mestre pela renúncia e pelo sacrifício da sua própria glória: *"Illum oportet crescere, me autem minui"* (Jo 3,30). "É preciso que ele cresça e eu diminua, dizia João Batista falando de Jesus Cristo.

É trabalhar bem, e esperar, por única recompensa, a de servir a tão bom Mestre. É sofrer muito no seu serviço, e ter, por único consolo o de lhe ser agradável. É sacrificar tudo ao seu serviço e esperar por único prêmio a Ele mesmo. Tal é a vida do Sacerdote fiel de Jesus Cristo. Será esta a minha conduta, o meu desejo, a minha felicidade?

TERCEIRA MEDITAÇÃO

O Espírito de Jesus no Sacerdote

I

O Sacerdote deve viver do Espírito de Jesus. *"Qui adhaeret Domino, unus spiritus est"* (1Cor 6,17). *"Si quis spiritum Christi non habet, hic non est ejus"* (Rm 8,9). Ora, o espírito de Jesus é um espírito de verdade e de amor.

Espírito de Verdade. Jesus Cristo veio, qual luz poderosa e divina, dissipar as trevas do erro. A todos pregou a Verdade de que foi testemunha fiel, até derramar o seu próprio Sangue. É a Verdade. *"Ad hoc veni in mundum, ut testimonium perhibeam veritate"* (Jo 18,37).

Eis a regra, a missão, a coroa do Sacerdote – a minha por conseguinte. Devo viver da Verdade de Jesus Cristo – regra invariável de minha vida. *"Vos estis lux mundi"* (Mt 5,14). A Verdade é toda a minha vida. Dela devo me alimentar cada dia pela meditação, pelo estudo sagrado.

Jesus Cristo fez-me apóstolo, defensor, testemunho desta mesma Verdade e, oxalá, talvez mártir! Jamais hei de me envergonhar da Verdade de Cristo. Devo, pelo contrário, intrepidamente, anunciá-la, pura e forte, aos grandes e pequenos, na paz e na guerra. *"Eritis mihi testes"* (At 1,8). A Verdade é minha espada de dois gumes. É o cetro de realeza do meu Sacerdócio. Para lhe ser sempre fiel, é mister que a ame, dela viva, disposto se preciso for a morrer por ela.

II

O espírito de Jesus é um espírito de amor. Jesus é o Amor divino humanizado, tornado visível e sensível.

1.º - O Amor de Jesus é cheio de doçura e misericórdia. *"Ecde Rex tuus venit tibi mansuetus"* (Mt 21,5). *"Discite a me, quia mitis sum, et humilis corde"* (Mt 11,29). Ó quão doce, quão paciente foi esse Amor de Jesus para comigo, enquanto eu o ofendia, enquanto não o amava! Quão caridoso, quão compassivo para comigo, que me desgraçara pela minha própria culpa, afastando-me dele. Quão paternal, quão honroso, posso dizer, foi o meu perdão!

Assim também devo proceder em relação ao próximo e nada mais farei do que aquilo que Jesus já fez para mim, aquilo que me pede em troca de gratidão.

2.º - O Amor de Jesus é generoso. Dá-me tudo quanto tem – Verdade, Graça, Glória, Vida e Morte, nada se reservando para si. Dá-me no Santíssimo Sacramento tudo quanto é.

Que Amor! Quem ama assim? E quem jamais me amará como Jesus me ama? Que lhe posso eu dar? Dar-lhe-ei tudo quanto tenho. Dar-lhe-ei a mim mesmo. *"Dilectus meus mihi, et ego illi!"* (Ct 2,16).

3.º - O Amor de Jesus é forte como a morte: *"Fortis est ut mors dilectio"* (Ct 8,6). Em prova disto, quis sofrer fome, sede, pobreza, desprezo, humilhação por mim. Quis passar pelo sofrimento, dar-me todo o seu Sangue, morrer na Cruz por entre o abandono, as humilhações, os desprezos de todo o seu povo. Eu era o fim do seu Amor! *"Dilexit me, et tradidit semetipsum pro me"* (Gl 2,20). Devo, por conseguinte, também sofrer pelo amor de Jesus, se lhe quiser provar que o meu é desinteressado, e verdadeiro. Devo abraçar a Cruz de Jesus Cristo, nela me crucificar e querer ser crucificado por Deus e pelos homens, até morrer por amor a Ele.

"Quis nos separabit a caritate Christi?... Sed in his omnibus superamus propter eum, qui dilexit nos!" (Rm 8, 35.37).

QUARTO DIA

PRIMEIRA MEDITAÇÃO

Servir a Jesus Cristo com Maria

O Sacerdote, partilhando da dignidade de Maria, deve também partilhar dos seus deveres e servir a Jesus como Maria o serviu.

Ora, Maria serviu a Jesus num grande espírito de pureza e de amor.

I

Espírito de pureza. Maria foi criada Imaculada, pois Deus não podia permanecer num coração impuro. *"Qui pascitur inter lilia"* (Ct 2,16).

Assim também Deus me santificou antes de me distinguir com o seu Sacerdócio, em virtude do qual tornou-me como que pai de Jesus Cristo. *"Sacerdotes parentes Christi."* Jesus Cristo consente diariamente em se deixar encarnar nas mãos sacerdotais, assim como consentiu se encarnar no seio de Maria. "O Padre, disse Santo Agostinho, deve ser santo porque gera sobre o Altar e leva nas suas mãos o Deus três vezes santo."

Maria conservou-se sempre pura e sem mácula. Serviu a Jesus segundo o desejo do Profeta: *"Domine quis habitabit in tabernaculo tuo? Aut quis requiescet in mont sancto tuo? Qui ingreditur, sine macula, et operatur justitiam?"* (Sl 14,1-2).

Para servir dignamente a Jesus Cristo devo, portanto, conservar-me em contínuo estado de Graça, isento de todo o pecado. Ah! Se me fosse possível ter a alvura dos Anjos que o servem no Céu!

A pureza de consciência, pureza de vida, será, por conseguinte, minha virtude régia, virtude que transmite a todas as outras força e beleza. Sem ela as mais sublimes virtudes não passam dum semblante da virtude, enquanto as mais heróicas ações são despidas de valor.

Devo, pois, por mais que me custe, conservar-me puro, para ousar aproximar-me do Altar santo e tornar-me mediador entre Deus e os pecadores. Devo conservar-me puro para poder purificar os outros.

Que é da minha pureza sacerdotal? Soube eu conservá-la, embelezá-la, orná-la, aperfeiçoá-la à semelhança de Maria? Até tornar-se em mim estado, vida? Assim deve ser, por ser eu Sacerdote de Jesus Cristo.

II

Espírito de amor. Maria serviu a Jesus com o mais puro amor, amor todo dedicado e desinteressado, amando e servindo a Jesus por Ele mesmo.

Amor todo dedicado, que compartilhou de todos os seus Sacrifícios, de todas as suas Dores, sem a menor queixa.

Amor todo desinteressado, que só tomou em consideração o seu bel- prazer, sem procurar-se a si mesma. Assim devo eu servir a Jesus, meu Mestre. Servi-lo não qual mercenário, mas qual filho, qual servo fiel, que não visa outro interesse, outro desejo senão a maior glória do seu divino Mestre. Devo estar todo entregue ao seu serviço, sem desanimar ante as dificuldades, as faltas de êxito, às humilhações, as perseguições e os sofrimentos. Maria seguiu a Jesus até o Calvário.

O serviço de Jesus requer desinteresse próprio. Não me fiz Padre para adquirir fortuna, nem fazer valer os meus bens, nem gozar de conforto, mas unicamente para trabalhar pelo reinado de Jesus Cristo nas almas, torná-lo conhecido, amado e servido e aspirar, como única recompensa, a que coube aos confessores e mártires; servir a Jesus Cristo é reinar: *"cui servire regnare est!"* Demais o amor traz consigo a sua própria recompensa. Feliz de quem ama a Jesus e é por Jesus amado.

SEGUNDA MEDITAÇÃO

As duas classes de servidores

Deus tem duas classes de servidores: uma o serve na vida secular, outra na vida religiosa.

I

A primeira classe serve a Deus na posse de bens terrenos e da fortuna, podendo trabalhar por formá-la nas normas da justiça e da eqüidade.

A segunda serve a Deus na renúncia de tudo, despojando-se dos seus bens. É dar a Deus não só o fruto da árvore, como a própria árvore.

Servem-no, não quais servos mercenários, mas quais filhos, sem outra ambição que a glória de servi-lo, sem outra recompensa que Ele mesmo.

Praticam ao pé da letra as palavras de Jesus Cristo: "Se quiserdes ser perfeitos, ide, vendei tudo quando tendes e dai-o aos pobres. Então tereis um tesouro no Céu. Depois vinde e segui-me" (Mt 19,21).

E, já neste mundo, ser-lhe-á dado o cêntuplo prometido a quem tudo deixar por amor a Deus, que lhe servirá de maternal Providência, que os alimentará, vestirá, pelo menos com o mesmo cuidado, o mesmo carinho de pai, de mãe, segundo a natureza.

II

A primeira classe serve a Deus no exercício de sua vontade, cujos atos, cuja propriedade conservam. A segunda classe dedica a Deus liberdade, e vontade, a fim de, por amor a Ele, servi-lo, na santa obediência.

É o sacrifício máximo e mais perfeito que o homem pode oferecer. É o sacrifício de Jesus Cristo, obediente até a morte na Cruz. É a realização da renúncia evangélica, exigida por Jesus Cristo, de todo aquele que deseja ser seu discípulo, como no-lo diz nas seguintes palavras: "Quem me quiser seguir, deverá renunciar a si mesmo" (Mt 16,24).

Tais os pobres em espírito a quem Jesus Cristo prometeu a beatitude: "Bem-aventurados os pobres em espírito, porque deles é o Reino dos Céus" (Mt 5,3). E o Reino dos Céus já neste mundo é "a paz, a alegria do Espírito Santo" (Rm 14,17). Quem vive de obediência voa de vitória em vitória, de mérito em mérito. Sua vida é sempre cheia aos Olhos de Deus, porque está sempre a cumprir com a Vontade divina.

III

A primeira classe serve a Deus gozando com sobriedade dos prazeres da vida.

A segunda serve-o pela mortificação contínua, na própria sobriedade. Ao corpo, dão o estrito necessário no sono, no repouso, na alimentação, nos cuidados da vida, reduzindo-o incessantemente com o apóstolo sob o jugo da virtude. Aos sentidos darão apenas a liberdade do bem. Numa palavra, esforçam-se por estar sempre diante de Deus qual hóstia pura, santa e agradável ao Olhar divino, enquanto dão ao coração apenas a liberdade de amar a Deus e ao próximo por Deus e em Deus.

Para si nada mais querem, nem estima, nem afeição pessoal, nem favores, nem proteção, nem dons, nem lembranças humanas. O Amor de Deus, eis toda a sua vida. Ser amado por Deus, eis todo o seu desejo. Possuir a Deus, eis toda a sua ambição. Se amam a vida, é porque esta glorifica a Deus; se amam a terra, é porque é o Calvário de amor; se amam o Céu é porque poderão louvar e bendizer eternamente a Deus.

TERCEIRA MEDITAÇÃO
Sacrifícios da vida religiosa

Quais as condições impostas por Nosso Senhor para estabelecer o seu reinado na vida religiosa? Tudo deixar pelo seu amor.

Todo aquele que quiser, pois, se tornar num verdadeiro discípulo de Jesus Cristo deverá:

I

Renunciar à vida civil, isto é, nada mais possuir, estar morto ao mundo.

E nada mais possuir é reduzir-se ao estado do pobre que nada tem, nada pode adquirir e que vive de esmolas e ações de graças. Um religioso é um pobre voluntário, que a religião alimenta e mantém por amor a Jesus Cristo.

Estar morto ao mundo é não querer mais viver na sua estima, nos seus afetos, nas suas honras, nos seus prazeres. É viver qual estranho e exilado na terra. Mas quão feliz é essa pobreza que nos liberta da escravidão dos bens mundanos e entrega-nos inteiramente a Deus! Pobreza ditosa que nos torna em amigos e irmãos de Jesus Cristo! É o perfeito amor, que diz a Deus: "Meu Deus, amo-vos mais que a todos os bens, honras e posições vantajosas deste mundo, e a tudo renuncio por amor a vós!" E Jesus Cristo responde: "Já neste mundo dar-vos-ei o cêntuplo e serei eu mesmo, no outro, a vossa recompensa".

II

Deverá abraçar a continência e levar, num corpo de pecado, vida de anjo.

E a mortificação de Jesus Cristo se impõe para assegurar essa castidade pura e forte. Ao corpo só se dará o necessário. Viver-se-á sobriamente, enquanto se guardarão os sentidos sob a lei da modéstia de Jesus Cristo. Amar só a Jesus Cristo ou em Jesus Cristo é, por conseguinte, renunciar a toda amizade puramente natural – quanto mais ainda a toda amizade perigosa! "Estais mortos, diz São Paulo, e vossa vida está oculta com Jesus Cristo em Deus" (Cl 3,3). Ditosa vida, porém, que faz da alma pura um paraíso de delícias da Santíssima Trindade.

III

Deverá, ainda, aceitar o jugo da obediência e renunciar, por amor a Deus, a toda vontade própria, segundo as palavras de Jesus Cristo: "Quem me quiser seguir, deve renunciar a si mesmo" (Mt 16,24).

Renunciar a si mesmo é renunciar ao seu próprio espírito, ao seu juízo, aos seus gostos, aos seus desejos, para seguir, qual criança, a lei divina da obediência. É o holocausto cabal do homem que se oferece num sacrifício sempre novo, numa imolação sempre cruciante. Mas é também o amor de Deus sempre em movimento; é a virtude régia do Salvador, que nunca proferiu uma palavra, nunca fez uma ação em toda a sua vida, que não fosse ditada pela obediência.

Mas na santa obediência está toda a Graça do religioso; na obediência, os seus méritos dobram. Na obediência, ele se encontra no estado mais perfeito, goza duma paz e duma liberdade de espírito cheias de encantos.

IV

Deverá, também, o religioso, viver dentro da regra. Suas ações são todas regradas e determinadas; suas horas todas empregadas no Serviço de Nosso Senhor.

Tanto as refeições como o repouso, se regulam na lei. É o servo que está sempre ao serviço do mestre, ou ao seu dispor. Está, qual Anjo do Céu, sempre ante o trono de Deus, pronto a voar, ao menor indício de sua Vontade. Ditosa servidão que afasta toda a preguiça, toda a sensualidade da vida. Ditosa escravidão que nos diviniza toda a vida. Regra abençoada que, para o religioso, é a voz de Deus, cheia de graça, cheia de amor!

QUINTO DIA

PRIMEIRA MEDITAÇÃO

Graças da vida religiosa

São Bernardo, com admirável clareza, enumera as graças da vida religiosa. *"Haec est religio sancta, pura et immaculata, in qua homo vivit purius, cadit rarius, surgit velocius, incedit cautius, irrosatur frequentius, quiescit securius, moritur fiducius, purgatur citius, praemiatur copiosius."* "Essa vida religiosa é santa, pura e imaculada; nela o homem vive mais puramente, cai mais raramente, levanta-se mais freqüentemente; nela, repousa com mais segurança, morre com mais confiança, purga com mais presteza as suas culpas, enquanto receberá no Céu magnífica recompensa."

1.º - *Vivit purius*. O religioso leva uma vida mais pura que o homem leigo no mundo, porque vive longe das vaidades, das seduções, dos escândalos do século. Vive só para Deus e de Deus, quais Anjos no Céu, morto que está para o mundo. Não vive senão com Jesus Cristo em Deus.

2º - *Cadit rarius*. Cai mais raramente porque as ocasiões de pecar se apresentam menos vezes e porque dispõe, para trilhar o bom caminho, de inúmeras Graças e tantos bons exemplos. Cai menos vezes na tibieza – mal tão comum e tão temível – porque o seu fervor é bem alimentado, sua virtude constantemente estimulada, enquanto procede sempre e em tudo com regularidade.

3.º - *Surgit velocius*. Levanta-se mais prontamente. Ninguém é impecável. Não pecou o anjo no Céu, Adão no Paraíso, Judas ao lado de Cristo? Mas o religioso não permanece, nem pode permanecer, por longo tempo no pecado. Não está só. *"Vae soli!"* A caridade dos irmãos vem em seu auxílio. Eles o admoestam, o animam, sustentando-o na sua fraqueza, até que novamente se venha a levantar. Nem poderia permanecer muito tempo com culpa, na consciência. Tudo lhe lembra o dever e o coloca na doce obrigação de ser todo de Deus. Daí esta máxima: "Perseverar em sua vocação é assegurar-se a perseverança final". Quantos pecadores no mundo vivem e morrem no pecado, porque não encontraram ninguém que lhes estendesse a mão caridosa!

4.º - *Incedit cautius*. Caminha com maior prudência, porque sabe que está cumprindo com a Vontade de Deus, pois na estrada da obediência não pode errar. É o caminho mais perfeito.

5.º - *Irrosatur frequentius*. Recebe mais vezes as águas da Graça. Toda a Misericórdia e Bondade de Deus, toda a Graça de Jesus Cristo, todos os privilégios da santa Igreja, toda a caridade, todo o zelo fraternal, toda a doçura e consolo do serviço divino, são o seu quinhão. É como se fosse o centro do Céu e da terra – porque é o religioso de Jesus Cristo!

6.º - *Quiescit securius*. Goza duma paz doce e verdadeira. É a paz de Jesus Cristo, que contém em si toda consolação, todo bem. É um antegozo do Paraíso. É a prova celeste de que Deus está contente com o seu trabalho. É o fruto do seu amor.

7.º - *Moritur fiducius*. O religioso morre numa confiança maior. A morte é suave para quem soube servir fielmente o seu Senhor – e quão bom é morrer aos seus pés, nos seus braços! Então só sentirá não lhe poder consagrar mil vidas. Ah! A morte do religioso é um ato simples e derradeiro, que remata a sua coroa. Possa eu morrer da morte do justo.

8.º - *Purgatur citius*. É purgado com mais presteza das suas culpas. As orações e satisfações dos seus irmãos na terra aliviam e diminuem-lhe os sofrimentos no Purgatório. A sociedade, sua mãe, não descansará nem se alegrará enquanto não acreditar que já alcançou o Céu. No mundo é-se logo esquecido. Aqui nunca!

9.º - *Proemiatur copiosus*. O religioso recebe no Céu magnífica recompensa. Participa da glória, da felicidade, do poder de Jesus Cristo, a cujo amor tudo sacrificou, até a própria vida.

O combate está terminado. Raiou o dia do triunfo eterno!

SEGUNDA MEDITAÇÃO

O fim da Sociedade do Santíssimo Sacramento

Nosso Senhor Jesus Cristo, no seu Sacramento divino, eis o fim da Sociedade do Santíssimo Sacramento.

Servi-lo pelo culto solene de adoração. Dedicar-se à sua glória pelo apostolado eucarístico, eis todo o fim dum religioso do Santíssimo Sacramento.

I

Servir a pessoa adorável de Jesus Cristo, eis o meu fim – e haverá algum maior, mais nobre, mais perfeito, na terra ou no Céu? Torno-me destarte num membro de sua guarda de honra, a que tem direito no Santíssimo Sacramento. Não tem cada rei, na terra, a sua?

Torno-me também num servo, feliz por estar adido à sua adorável Pessoa. Torno-me num membro da sua família, vivendo sempre ao seu lado, junto ao seu Trono de graça e de amor, qual Anjo no Céu.

Que me resta ainda a desejar na terra, a não ser um amor à altura do divino Mestre?

II

Servir a Jesus Cristo no Santíssimo Sacramento, eis todo o meu fim. Jesus-Hóstia é meu único Mestre.

1.º - Todo o meu ser lhe será consagrado inteira e exclusivamente. Os pensamentos, os estudos, a ciência de minha inteligência não devem visar a outro fim, senão saber Jesus – e Jesus Eucaristia!

Devo procurar servi-lo com todo o poder de amor que tem o meu coração. As forças de minha vontade não devem ter outra regra, nem meus trabalhos outro fito. Tudo a Jesus no Santíssimo Sacramento, tal deve ser a divisa da minha vida.

2.º - Toda virtude, toda piedade que tenho devem ser eucarísticas. Por conseguinte minhas práticas de devoção devem se tornar numa homenagem prestada à divina Eucaristia. Só devo amar e praticar as virtudes – mesmo as mais perfeitas – para honrar a Jesus Cristo na Eucaristia, qual o favorito que só colhe flores para o seu rei. Todos os meus desejos, todos os meus projetos devem visar a glória do meu Mestre, já que sou todo dele, todo para Ele!

III

Servir a Jesus Cristo no Santíssimo Sacramento, eis o meu fim perene.

Adorar perpetuamente nesse mundo a Jesus sob os véus do seu Sacramento, para depois adorá-lo eternamente na Glória, eis toda minha ocupação. Começo aos pés do Altar e aí continuo o que me será dado fazer perfeitamente no Céu. Que felicidade!

Se tomarmos qualquer virtude por fim – seja a penitência, a caridade para com o próximo, o zelo apostólico, este fim não será sempre ativo nem possível, pois os meios, o objeto ou a força podem vir a faltar e deixar-nos na impossibilidade de praticá-la – mas posso sempre adorar a Jesus-Eucaristia, posso sempre estar preso ao meu divino Mestre pelo amor e pelo serviço. Todas as minhas ações podem se tornar numa adoração contínua. Ninguém me pode separar ou privar de Jesus Cristo.

É-me dado, por conseguinte, partilhar do júbilo da Corte Celeste e gozar sempre da Presença de Jesus. Viver nele, por Ele, com Ele, que me disse: "Quem me comer, viverá por mim". *"Qui manducat me, et ipse vivet propter me"* (Jo 6,58 - Vulg.).

A Eucaristia é, pois, todo o tesouro do religioso do Santíssimo Sacramento que, para adquiri-lo, venderá tudo quanto possui. A Eucaristia é a terra que lhe foi prometida como a Abraão e para a qual abandonará pais e família, vindo habitar a *Terra da visão*. A Eucaristia é o festim nupcial do Filho do Rei dos reis, para o qual fui convidado – mas com a condição de tudo deixar para aí estar à hora certa, vestido da túnica nupcial da boa vontade. A Eucaristia é o reinado de Deus na terra. Meu corpo torna-se no seu templo, meu coração no seu trono, minha vontade na sua serva, ditosa e humilde, meu amor no seu triunfo.

TERCEIRA MEDITAÇÃO

Culto eucarístico

O fim da Sociedade é ainda render a Jesus no Santíssimo Sacramento o culto de honra maior, mais santo e mais litúrgico possível.

I

Culto maior, pelo serviço solene de Exposição onde Jesus é honrado como o Rei imortal dos séculos, a quem toda honra e glória são devidas.

Ante esse sol de amor tudo se eclipsa. Ante o Rei, o ministro não recebe distinções. Ante o Mestre insigne, o servo desaparece.

Tudo quanto há de precioso, de belo, de nobre, deve honrar o Trono divino de Jesus, Senhor único de tudo. E, viesse a Sociedade a possuir todos os diamantes, todo o ouro, todas as coroas do mundo, só deveria ver nisto tudo o privilégio de poder tudo consagrar à glória do Mestre, já que tudo lhe pertence.

II

Culto mais santo.

O corpo também deve adorar o Deus da Eucaristia e lhe render suas homenagens exteriores.

Homenagens de respeito, tendo-se modesta e convenientemente em sua divina Presença, evitando tudo aquilo que não se permitiria em presença dum personagem ilustre, dum soberano.

Homenagens de piedade, cumprindo com grande espírito de fé e de amor as cerimônias externas, genuflexões, prostrações, reverências prescritas, porque constituem os atos exteriores de adoração do coração e a profissão pública de Fé.

Homenagens públicas de virtudes. Honrando por toda a parte o Mestre, quer em público, quer em particular, quer nas ruas, quer nos templos; adorando-o, prostrado, quando ele passa levado em Viático, ou quando reina no Trono. É por toda a parte o Rei e Deus do nosso coração, da nossa vida.

III

Culto mais litúrgico.

A Igreja, sempre inspirada pelo Espírito Santo, regrou o culto devido ao seu divino Esposo, Jesus Cristo, no Santíssimo Sacramento, e que por si, constitui o culto de verdade e de santidade agradável a Deus.

A Igreja, ciosa da honra e da glória do seu Rei, regulou os mínimos pormenores do seu culto, porque tudo é grande, tudo é divino em se tratando do seu Serviço.

O dever maior, quer da Sociedade, quer da totalidade dos seus membros, é, portanto, estudar as rubricas, os cerimoniais da Igreja e, seguindo-os com exata fidelidade, fazer com que os fiéis, por sua vez, os observem e amem. Honrando desta forma a divina Eucaristia, honro-a em união com a Santa Igreja, em união com os seus santos. Rendo-lhe, então, com a Igreja, uma só e mesma homenagem, presto-lhe um só e mesmo culto enquanto os seus méritos suprem minha indignidade, e a sua perfeição, minha fraqueza. Meu culto então torna-se verdadeiramente católico.

Servirá ainda para expiar as irreverências e culpas sem número que cometi nos santos lugares. Servirá para reparar as profanações, os sacrilégios incessantemente cometidos contra este Sacramento por tantos ímpios e maus cristãos.

Será um protesto contra a incredulidade, uma profissão pública de nossa Fé e vocação pela maior glória de Jesus, Hóstia de amor e de louvor.

SEXTO DIA

PRIMEIRA MEDITAÇÃO

A Adoração

A adoração eucarística é a ação régia e soberana do religioso do Santíssimo Sacramento.

Tudo, na vida que abraçou, deve visar prepará-lo, orná-lo, aperfeiçoá-lo para essa adoração, tudo deve estar sujeito e subordinado a esse exercício divino, ato religioso maior, mais santo, mais justo, de sua vocação e de sua vida.

I

É o ato maior.

Adorar é partilhar a vida de Maria na terra enquanto adorava o Verbo Encarnado no seu seio virginal, o adorava no presépio, no Calvário, na divina Eucaristia. A adoração foi toda a sua vida na terra.

Ah! quão pura e santa, quão perfumada e perfeita foi essa adoração de Maria! Adorar com Maria e por Maria, tornará o adorador agradável a Jesus Cristo.

Adorar é partilhar a vida das grandes almas na terra, cujo amor todo, cuja ventura única era permanecer longas horas aos pés do tabernáculo. Só pelo Tabernáculo amavam a vida. Só para se consumirem nas chamas do seu amor viviam.

Adorar é partilhar a vida dos Santos no Céu, louvando, bendizendo e adorando sem cessar a Bondade, o Amor, a Glória, o Poder e a Divindade do Cordeiro imolado por amor aos homens e pela glória de Deus, seu Pai.

Quão ditoso é iniciar, já na terra, aquilo que havemos de fazer eternamente aos pés do Trono divino!

Quão ditoso é já na terra, pertencer à corte eucarística de Jesus Cristo, conviver sempre com sua adorável Pessoa e levar aqui vida celeste!

Adorar é o ato soberano da virtude de religião que, por si só, substitui todos os outros, possui a virtude de todos, constitui-lhes o fim.

Ah! Bendita seja eternamente a Bondade divina do meu Deus, que me chamou a essa vocação eucarística e me dá a Graça de ser adorador por estado, por dever, quando os demais fiéis só o são por intervalos e passageiramente.

II

É o ato mais santo.

Nada posso praticar, na terra, de mais santo, que a adoração eucarística, exercício cabal de todas as virtudes.

1.º - Da fé, que se torna perfeita, completa quando adoro a Jesus Cristo oculto, velado e por assim dizer, aniquilado na Hóstia Santa. Então, pelo simples espírito de fé, minhas faculdades e meus sentidos, submetem-se, adoram.

2.º - Da piedade, tanto exterior, quanto interior, que se concentra toda no Deus oculto, adorando-o pela prece, pela oração, pelo culto, pelo respeito; pelo aniquilamento, se possível fosse, de mim mesmo; pela humildade, pela penitência, pela pureza, e por todas as demais virtudes.

3.º - Do amor, que é toda a lei, e que cumpro integralmente, adorando o meu Deus e Senhor, segundo o primeiro mandamento.

4º - Da caridade, que durante a adoração se exerce para com o próximo, pedindo por ele, fazendo-me mediador e vítima pela sua salvação.

III

É o ato mais justo.

Jesus Cristo, onde quer que se encontre, merece as nossas adorações. Devo, por conseguinte, adorá-lo na Hóstia Santa.

Só permanece aí por amor a mim e se não quero ser nem ingrato nem ímpio, devo vir render-lhe as minhas homenagens. Que dizer do súdito que recebe a visita do seu soberano e o deixa a sós, sem lhe prestar honra alguma?

Devo adorar a Jesus Cristo por mim, por ser do meu serviço e da minha vocação e, se assim não o fizer, assemelho-me ao servo infiel e preguiçoso. Enquanto Sacerdote, devo-lhe também honras perpétuas, já que o fiz descer sobre o Altar.

Devo adorá-lo por aqueles que não o adoram, que o abandonam, esquecem, desprezam e ofendem.

Se amo ao meu Senhor, não é justo que o queira aliviar do peso de tantas ofensas, servindo-o com dedicação maior? E que lhe diga como a São Pedro: "Senhor, embora todos vos abandonem, eu nunca vos hei de abandonar". Quero viver e morrer convosco.

SEGUNDA MEDITAÇÃO

Apostolado eucarístico

A Sociedade do Santíssimo Sacramento não se contenta em adorar, amar e servir, por si mesma, o Deus da Eucaristia. Cheia de zelo pela sua glória, quer que seja adorado, amado e servido por todos os homens, e lhe quer erguer, por toda a parte, um Trono de amor e lhe procurar adoradores fiéis.

Jesus disse: "Vim para trazer fogo à terra e desejo ardentemente com ele abrasar o universo" (Lc 12,49).

Ora, este divino fogo é a Eucaristia.

São João Crisóstomo compara-o a um carvão em brasas e os incendiários desse fogo eucarístico são todos os que amam a Jesus Cristo, pois o amor verdadeiro quer a sua glória e o seu reinado no mundo e sobretudo nos corações dos seus filhos.

Quão bela e amável é, portanto, a missão do religioso do Santíssimo Sacramento. Discípulo e apóstolo do Amor Eucarístico, eis seu verdadeiro nome, sua Graça, sua vida.

Mas quais são as obras desse apostolado eucarístico? Tudo quanto pode procurar a glória do Deus da Eucaristia – isto é, tudo, pois tudo se pode relacionar ao Serviço de Jesus no Santíssimo Sacramento – é para ele motivo de zelo. Jesus-Eucaristia é a Graça, o fim de tudo.

O amor só tem uma ciência, uma linguagem, um desejo, um prazer, – tornar conhecido, amado e servido a Jesus Cristo na divina Eucaristia.

É mister que seja conhecido daqueles que não o conhecem, ensinando às crianças, à gente grosseira e ignorante, revelado ainda mais àqueles que já o conhecem, e isto por meio de catecismos, retiros, agremiações etc.

Nosso Senhor não é conhecido nem daqueles que parecem ter a ciência de sua Doutrina e de sua Vida. Se fosse conhecido, seria servido e adorado, melhor e mais vezes visitado. Falar-se-ia dele, pelo menos, nas conversações entre cristãos, entre pessoas piedosas; não seria mais, qual um Deus morto, sepultado, desconhecido, cujo nome não se ousa sequer pronunciar em público! Ai de nós, Jesus Cristo não passa quase dum estranho no meio dos seus!

Urge, revelá-lo, manifestá-lo, fazer com que os filhos pródigos tornem à casa paterna.

II

É mister que seja amado. É pelo amor divino que os povos voltarão à virtude, à religião, à fé.

Nenhum meio é mais eficaz. É talvez o único que nos resta para combater o indiferentismo que reina no mundo e se insinua até no coração dos fiéis. É por esse fogo divino que se atacará o frio que paralisa o coração e todos os membros da sociedade.

É pelo amor de Jesus Cristo que se despertará nos corações entorpecidos o sentimento do amor e a necessidade da virtude.

É pela prática dos atos de adoração aos pés do Santíssimo Sacramento que as almas piedosas se transformarão em verdadeiros adoradores em espírito e verdade.

Urge suplicar, impelir, arrebatar os convivas às núpcias do Rei. Depois de provarem quão suave é o Senhor, depois de terem feito um ato de adoração, a Graça fará o restante.

Este belo apostolado requer, porém, homens de coragem, dispostos a abraçarem a loucura da cruz, para revestirem-se de sua virtude, prontos a receber a humilhação, a merecer o desprezo dos prudentes do século. Se Jesus Cristo for amado e glorificado no divino Sacramento, nenhuma outra recompensa devem desejar.

A vós, Senhor, amor, louvor, glória. A mim, esquecimento, desprezo e humilhação.

Reinai!... E morro contente.

TERCEIRA MEDITAÇÃO

Amor de Jesus Eucaristia

É o amor de Jesus Cristo que deve formar o verdadeiro religioso do Santíssimo Sacramento. Esse amor será o móvel de todas as suas ações, o eixo de toda a sua vida, o fim de todos os seus sacrifícios.

I

O amor será o móvel de todas as suas ações.

O amor de Jesus Cristo deve inspirá-las todas! Pensa-se com prazer naquilo que se ama e tão delicioso pensamento torna-se companheiro de todo o dia.

O amor deve ser a Graça de todas as suas ações. Cada qual tem a Graça própria de sua vocação. Ora, uma vocação eucarística é uma vocação toda de amor, como todo de amor é o seu fim.

O amor deve servir-lhe de regra em todas as suas ações, pois o amor deve dominar soberanamente no religioso. Todas as virtudes devem, quais servas, estar à disposição do serviço de Jesus Cristo. Não passam de simples exercício, são uma prova desse amor, como a fidelidade, a dedicação, a piedade filial não são senão o fruto natural do amor dum servo fiel, dum filho dedicado.

No religioso, do Santíssimo Sacramento não deve, portanto, haver senão uma virtude régia: o amor, mas amor soberano, que vive de todas as virtudes e se chama amor humilde, doce, paciente, mortificado, caridoso.

Quando me couber praticar, por conseguinte, seja a humildade ou caridade, seja a abnegação ou pobreza, precisarei apenas fazer um ato de amor de Deus, traduzido no ato da virtude que devo praticar. É como se dissesse: "Meu Deus, eu vos amo de todo o coração e para vo-lo provar, praticarei tal ato de humildade etc.". Assim minha vida se irá simplificando no amor e do amor irei a tudo, pois tudo em mim o alimenta e fortifica.

Assim fazia São Paulo. *"Quis nos separabit a caritate Christi? Tribulatio? An angustia? An fames? An nuditas? An periculum? An persecutio? An gladius?... Sed in his omnibus superamus propter eum, qui dilexit nos. Certus sum enim quia neque mors, neque vita... neque creatura alia poterit nos separare a caritate Dei, quoe est in Cristo Jesu Domino nostro"* (Rm 8,35-39). "Quem nos separará do amor de Jesus Cristo? Será a tribulação, a angústia, a fome, a nudez, os perigos, a perseguição, o gladio? Não, nunca. Triunfamos de tudo isso por amor daquele que tanto nos amou. Tenho certeza de que nem a morte, nem a vida... Nem criatura alguma poderá nos separar do amor de Deus, que nos é dado em Jesus Cristo Nosso Senhor."

II

O amor será o eixo de toda a sua vida, o centro onde sua alma se compraz, se repousa, se consola, se regozija. Toda vida humana gira em torno dum centro, seja alguma criatura a quem ama, sejam os bens mundanos, seja o próprio Deus.

Quando o centro é humano, o homem será infeliz, inconstante, culpado. Tornar-se-á pagão. "Vós nos criastes para vós, Senhor, e nosso coração, enquanto não descansar em vós, estará inquieto e sofredor", disse Santo Agostinho. *"Fecisti nos ad te, Deus, et inquietum est cor nostrum donec requiescat in te."*

Aquele que põe o eixo de sua vida em Jesus Cristo no Santíssimo Sacramento, a Ele dirige todos os pensamentos, estudos e virtudes. Aí está o seu tesouro, porque aí está o seu coração e nunca estará à vontade senão no Santíssimo Sacramento, que lhe constitui toda a alegria, toda a felicidade. Não quer outro sustento, outro confidente, outro consolo, nas aflições que Jesus no Santíssimo Sacramento.

Com a santa Eucaristia é o Paraíso, sem a Eucaristia é o inferno. Com a Eucaristia tudo é suave e fácil, sem a Eucaristia, tudo é amargo e intolerável – e mais vale a morte.

É deste centro de amor que fala Jesus Cristo quando nos diz: "Quem comer o meu Corpo e beber o meu Sangue permanecerá em mim e Eu nele". *"Qui manducat meam carnem, et bibit meum sanguinem, in me manet, et ego in illo"* (Jo 6,57 - Vulg.). "Permanecei em mim: permanecei em meu amor." *"Manete in me, manete in dilectione mea"* (Jo 15,4-9).

São Paulo vivia neste centro divino. *"Mihi vivere Christus est"* (Fl 1,21). "Jesus Cristo é minha vida." "Não mais sou eu que vivo, mas Jesus Cristo é que vive em mim." *"Vivo autem, jam non ego; vivit vero in me Christus"* (Gl 2,20).

III

O amor será o fim de todos os sacrifícios.

O verdadeiro amor só vive para a pessoa amada; para ela faz todos os sacrifícios; para ela se sacrifica abnegadamente.

Em agradar ao objeto querido, está toda sua recompensa; em morrer por ele, todo o seu triunfo.

Tal o fim do religioso do Santíssimo Sacramento: servir o seu bom Mestre por amor; sacrificar-lhe nobremente sua liberdade, sua vontade, seus afetos, sua glória, sua saúde, sua vida; no esquecimento, no desprezo dos homens, na provação interior conhecida de Deus só, no sofrimento sem alívio, no cansaço sem repouso, no trabalho sem êxito, na paciência sem reciprocidade, na vida de fé sem consolações – e apesar de tudo isto, servir sempre a Nosso Senhor com a serenidade da paz, o júbilo do coração, a força do amor. Aparentar alegria enquanto se está mergulhado no sacrifício do amor.

Eis o grande triunfo do amor de Jesus Cristo no seu religioso. É a pureza do amor que se prova; é o verdadeiro amor que se consome para a pura glória de Deus.

SÉTIMO DIA

PRIMEIRA MEDITAÇÃO

Pobreza

Quem se quiser tornar um verdadeiro discípulo de Jesus Cristo e religioso do Santíssimo Sacramento, deve começar por renunciar aos seus bens. Deve, portanto, reduzir-se ao estado do pobre e do pobre interdito, morto civilmente. Seu único bem será o pão da esmola que lhe dá a religião. Ele não pode mais nem adquirir, nem possuir coisa alguma, nem nada dar por si mesmo. Tal o pobre de Jesus Cristo.

Pobreza, bela, que o faz senhor dos bens celestes. *"Beati pauperes quia vestrum est regnum Dei"* (Lc 6,20).

Pobreza gloriosa, que mais vale que todos os diademas e toda a glória deste mundo. *"Omnis qui reliquerit domum, vel fratres, aut sorores, aut patrem, aut matrem, aut uxorem, aut filios, aut agros, propter nomem meum, centuplum accipiet, et vitam aeternam possidebit"* (Mt 19,29).

Pobreza feliz que, desapegando-nos das solicitudes inquietadoras da vida presente e da escravidão do mundo, nos livra dos perigos tão grandes quão sedutores das riquezas, com todo o seu séquito, luxo, bem-estar, louvores falsos e pérfidos.

Pobreza evangélica, que nos liberta, fazendo-nos depender tão- somente da divina Providência e tornando-nos verdadeiros discípulos de Jesus Cristo, membros de sua família. Ah! Sim, quero, com o meu amado Mestre, ser pobre e com Ele não possuir nem sequer uma pedra. *"Filius hominis non habet ubi caput reclinet"* (Mt 8,20). Com Ele quero viver pobremente. Esse bom Mestre come o pão dos pobres, veste-se como o comum dos homens, sente até fome: *"esuriit"* (Mt 21,18), viaja simplesmente, *"Jesus, fatigatus ex itinere"* (Jo 4,6) e, como nos diz a tradição, pernoita não raras vezes na gruta de Getsêmani.

Quão bela, quão amável é essa pobreza de Jesus! É a prova do Amor que tem pelo homem e constitui toda a glória desse mesmo Amor. *"Amicitia pares invenit aut facit."* Diviniza essa pobreza, desposando-a, e não querendo dela se separar.

Faz mais ainda. No seu estado de Glória, quer permanecer pobre. E quão pobre é Jesus na sua Vida sacramental! Mais pobre ainda que em Belém, mais pobre que em Nazaré. Jesus, na divina Eucaristia, não tem, muitas vezes, quem o carregue, quem o sirva, quem o defenda. Inteiramente só, sem liberdade nem movimentos próprios, tem, por única defesa, seu Amor pelo homem.

É mais pobre ainda na Eucaristia que na Cruz. Então podia falar e, embora seu Pai o abandonara, pelo menos tinha Ele aos seus pés, sua Mãe, boa e compassiva, seu discípulo querido, alguns corações fiéis.

No Santíssimo Sacramento, porém, está pobre, nu, desamparado, abandonado, renegado, insultado, crucificado sem testemunhas e sem consolações.

Mas por que quis Jesus ficar pobre no seu Sacramento? Por que quis depender de todos e tudo receber da caridade humana? A razão única é o Amor, o imenso e o perpétuo Amor que Jesus tem ao homem!

A pobreza servirá, portanto, para provar o meu amor a Jesus Cristo. Por ela lhe direi que o amo mais que a todos os bens da terra, com a glória e felicidade inerentes. Dedicando-me à santa pobreza evangélica, glorifico sua divina Providência, constituo-me para sempre seu filho e torno-me num servo, num amigo seu.

Ó santa pobreza do meu Rei, serás minha mãe querida, minha glória e minha coroa. Eu serei o teu pobre de Amor e tu serás a paixão do meu coração.

SEGUNDA MEDITAÇÃO

Pureza

Se a pobreza é a primeira condição imposta a quem quer ser discípulo de Nosso Senhor Jesus Cristo, a pureza é a primeira virtude exigida para o seu serviço.

É preciso ser puro para servir o Deus de toda pureza, habitar no seu Tabernáculo e aproximar-se do seu Altar, da sua adorável Pessoa. *"Domine, quis habitabit in tabernaculo tuo? Aut quis requiescet in monte sancto tuo? Qui ingreditur sine macula, et operatur justitiam"* (Sl 14,1-2). Senhor, quem habitará em vosso Tabernáculo e quem descansará na vossa montanha santa?" E o Espírito Santo responde: "Quem andar sem mácula e operar toda justiça".

Não ousaríamos servir um príncipe trajando roupas menos limpas e mãos não lavadas. Ora, Jesus Cristo é o Rei dos reis. Os Anjos humilham-se ante sua Majestade, não se julgando bastante puros para servi-lo, enquanto a santa Igreja chega a se admirar de o Verbo não ter tido horror do seio, embora puríssimo, da Virgem Imaculada. *"Non horruisti Virginis uterum."*

Só quem tiver o coração puro poderá gozar do privilégio de ver a Deus: *"Beati mundo corde, quoniam ipsi Deum videbunt"* (Mt 5,8). É mister ser casto para ser discípulo querido de Jesus. *"Virgo virginem, virgini comendavit."*

E qual deve ser a pureza do religioso do Santíssimo Sacramento?

I

Pureza de corpo. O religioso consagra o seu corpo a Deus pelo voto perpétuo de castidade. Em virtude de tal voto, seu corpo torna-se numa coisa sagrada, nos membros de Jesus Cristo, no Templo do Espírito Santo, num tabernáculo vivo, ornado da pureza angélica.

Para guardar e entreter tão bela virtude é preciso:

1.º - Velar-se da modéstia de Jesus Cristo a fim de se preservar dos escândalos, das ciladas e dos encantos do mundo.

2.º - Manter os sentidos sob a guarda da sobriedade e diminuir-lhes a revolta pela mortificação de Jesus Cristo.

II

Pureza do coração. O religioso não deve ter nenhuma afeição desregrada. Seria uma espécie de idolatria e de sacrilégio. É preciso purificar suas mais legítimas afeições, divinizá-las no amor régio de Jesus Cristo. Amar como os Anjos e os Santos nos amam, como Jesus Cristo nos soube amar.

Quando, por conseguinte, um pensamento natural nos persegue, quer a propósito duma pessoa, quer dum desejo humano, até tornar-se habitual e dominante, urge desmascará-lo. É uma cilada, uma escravidão, pois o amor do próximo não deve, nem pode, ser um fim. Só no Amor de Deus, em que possuímos vida, movimento e ser, podemos descansar.

III

Pureza de espírito. O religioso não deixará sua imaginação reproduzir senão a Beleza e Bondade de Jesus Cristo. Sua memória lhe lembrará incessantemente a lei, os benefícios divinos. Sua razão o conduzirá a Deus, enquanto sua vontade viverá do amor de sua lei.

Deus, a sua glória, o seu reinado, o triunfo do seu amor no religioso e no universo, deveriam ser o grande, o único fim de suas ações, de toda a sua vida.

IV

Pureza do serviço de Jesus Cristo. A pureza será a virtude régia do serviço eucarístico, pois é o pecado que nos exclui do Céu, ofende os Olhos do nosso Mestre e lhe revolta o Coração. A pureza é a túnica nupcial do religioso em presença do divino Esposo.

Todas as virtudes devem ser outras tantas servas da pureza régia, embelezando-a com seus encantos.

A pureza será qual prata, purificada no cadinho. *"Purgatum septuplum"* (Sl 11,7). Ah! que alegria terá o

Mestre querido se o meu serviço for isento de toda mácula! Que prazer lhe darão as homenagens de minha vida, se estas forem santas!

Que prazer lhe darão a expressão bem como os dons do meu amor, se o meu coração estiver liberto de todo laço; se não for mercenário nem egoísta, mas tão grande quanto o seu próprio Coração, tão puro quanto a sua Graça, tão forte quanto o seu Amor!

Deveria ser como a sarça ardente do deserto: um lírio em fogo.

TERCEIRA MEDITAÇÃO

Obediência

Se a pobreza evangélica torna o religioso livre e a pureza fá-lo idôneo, a obediência deve torná-lo agradável ao seu Mestre. Por ela, fica ele sendo verdadeiramente servo e discípulo. *"Si quis vult post me venire, abneget semetipsum"* (Mt 16,24). "Quem quiser ser meu discípulo, que renuncie a si mesmo."

A obediência religiosa é mãe de todas as virtudes. *"Virtutes inserit, insertasque custodit."* "Enxerta-nos as virtudes e conserva-as." Quem, por conseguinte, se quiser tornar rapidamente um religioso perfeito, só precisa tornar-se obediente.

A obediência, diz o Espírito Santo, é a tríplice e contínua vitória do homem sobre o demônio, o mundo e si mesmo. *"Vir obediens loquetur victoriam"* (Pr 21,28 - Vulg.).

É a virtude que dá maior mérito, pois é a virtude régia de Jesus Cristo. *"Humiliavit, semetipsum factus obediens usque ad mortem, mortem autem crucis; propter quod et Deus exaltavit illum, et donavit illi nomen, quod est super omne nome"* (Fl 2,8-9). "Humilhou-se a si mesmo, fazendo-se obediente até a morte, e morte de Cruz; é porque Deus o exaltou e lhe deu um Nome acima de todo o nome."

Por estas palavras, São Paulo ensina-nos admiravelmente que a humildade é o princípio e a vida da obediência; que o exercício dessa mesma obediência a tudo se aplica, até a morte na cruz, com Jesus Cristo, e, finalmente, que sua glória está em Jesus.

E quais são os caracteres da obediência de Jesus, nosso Mestre?

I

A obediência de Jesus é humilde, como humilde é o seu estado.

Reveste a aparência dum escravo, assemelha-se a um homem qualquer. *"Formam servi accipiens, in similitudinem hominum factus, et habitu inventus ut homo"* (Fl 2,7).

A obediência do servo não merece louvor, nem prêmio. Obedecer é próprio do seu estado. Foi também o estado de Jesus e deve ser o meu. Ai de quem precisa ser louvado para obedecer! Não passa dum fariseu, dum servo orgulhoso. Ai de quem vier a se orgulhar da sua obediência! Tornou-se a si mesmo o seu fim e já neste mundo recebeu a sua recompensa. Assim não será comigo, ó meu Deus. Já me será honra insigne se poder parecer-me convosco.

II

A obediência de Jesus é simples como simples é o seu Amor.

Obedece à vontade do Pai, a quem respeita, adora e ama acima de tudo. Não lhe pergunta a razão da ordem dada, mas só deseja conhecê-la para poder cumpri-la com alegria. *"Ecce venio, ut faciam, Deus, voluntatem tuam"* (Hb 10,9).

Sabe que todos os desejos paternos são justos, prudentes, bons e que nada lhe pode proporcionar maior glória, nada é mais digno do seu amor.

A exemplo de Jesus, devo obedecer com a simplicidade da fé e a pureza do amor. Que vale isto ou aquilo se Deus não o quiser? Que valem todas as boas obras, se Deus não mas pede? Que vale o serviço do próximo se Jesus Cristo me quer junto à sua Pessoa adorável e manda que o sirva por Ele mesmo? Que vergonha não estar contente com o meu Mestre, até lhe preferir um vil escravo!

Servi-lo é reinar! *"Cui servire, regnare est."*

III

A obediência de Jesus é inteira.

Não se reserva nem tempo, nem lugar, nem forma de vida. Tudo é regrado, tudo mantido pela obediência. E será obediente até a morte da Cruz.

Obedece a todos os que receberam autoridade do Pai. *"Et erat subditus illis"* (Lc 2,51). Obedece a César, aos seus carrascos, pois assim o queria o Pai Celeste. Eis por que, quanto mais fraco e vil for o instrumento de comando, mais perfeita é, aparentemente, a obediência.

Jesus, embora glorioso, obedece ainda na divina Eucaristia. Obediência humilde, simples, inteira. E há de obedecer até o fim do mundo para ser perpetuamente o modelo, a graça, o amor e a coroa da obediência.

E eu sou religioso do Santíssimo Sacramento. Devo, portanto, assemelhar-me a Jesus, honrá-lo a Ele, reproduzindo-lhe a virtude régia e honrar ao Pai celeste, salvando os homens e santificando-me a mim mesmo pela obediência eucarística de Jesus, meu Rei.

OITAVO DIA

PRIMEIRA MEDITAÇÃO

Vida eucarística

"Quem me comer, por mim viverá" (Jo 6,58 - Vulg.). São palavras de Nosso Senhor.

Alimentados pela Eucaristia que nos dá Jesus, devemos por Ele viver. É de justiça que o servo trabalhe pelo mestre que o sustenta, e o filho pelos pais, a quem deve a vida.

I

O religioso deve ter sempre presente o Serviço do Santíssimo Sacramento.

Tanto os seus dons naturais quanto os seus estudos e trabalhos devem visar a Jesus Cristo na divina Eucaristia como seu fim. Quando um servo assume um cargo, deve se dedicar a ele, dando-se inteiramente e fazendo valer todas as suas aptidões.

Nos exercícios de piedade, deverá referir a Jesus Eucaristia os atos de todas as virtudes. Tudo, em sua vida, deve revestir o caráter de sua vocação eucarística, tudo deve honrar e glorificar a Jesus Cristo, no seu adorável Sacramento. Não foi para isto que se fez religioso?

Só deve estimar e procurar as virtudes enquanto meios de bem servir o divino Mestre, enquanto qualidade necessária do servo fiel. É porque deve trabalhar para se tornar humilde, casto, mortificado, recolhido, cheio de caridade e de doçura, pois estas virtudes lhe são a túnica de serviço, o meio de que dispõe para agradar ao Mestre, pensando, falando e procedendo como Ele.

Só deve estimar e amar tudo o que há de bom no mundo – arte, ciência, talento – enquanto honra ou é suscetível de honrar e glorificar o seu divino Mestre no Santíssimo Sacramento.

Só deve estimar e prezar nos homens o serviço que esses prestam ou podem vir a prestar a Jesus Cristo.

Só deve estimar a saúde e a própria vida enquanto aptos a prestar serviços à maior Glória do Deus da Eucaristia.

Tudo quanto faço, tudo quanto tenho, deve ser consagrado – é natural e justo – ao serviço do meu doce Mestre. É roubo, é injustiça, trabalhar por outrem que não Ele!

Ai de mim! Tudo quanto tenho, tudo quanto jamais farei, será sempre tão insignificante em relação ao que Jesus Cristo merece, em relação até ao que fazem os escravos do mundo pelo mundo.

II

O religioso deve dedicar-se todo à glória do Santíssimo Sacramento. Deve zelar para que o divino Mestre seja, pelo menos, tão bem servido quanto os soberanos da terra.

Ora, com que presteza, com que zelo, com que dedicação não servem os cortesãos o seu rei! Se se distinguirem por um serviço laborioso, ou por um ato heróico, ficarão já por isto só muito pagos. A guarda do rei vela dia e noite à entrada do paço, quer faça bom, quer mau tempo, e isto sem se queixar, o que seria covardia. O soldado serve o seu soberano sem almejar outra recompensa que a honra de poder servi-lo. Corre cheio de entusiasmo e dedicação ao campo de batalha, onde se expõe à morte, para maior glória do seu soberano. E julga isto um simples dever. Será Jesus Cristo o único rei sem servos fiéis, sem guarda dedicada, sem soldados generosos? Será o próprio demônio mais bem servido pelos seus escravos que Jesus Cristo pelos seus discípulos, seus filhos, seus ministros?

Ah! não. Que vergonha seria para os cristãos, que triunfo excessivo para o demônio. Quantos homens se vendem à impureza. Quantos se destroem a saúde, pelo prazer, por uma bagatela. Quantas vítimas faz o mundo e ninguém se queixa. Ó meu Deus, então só para convosco será o homem ingrato? Não, nunca. Tereis dia e noite a vossa guarda eucarística e esta guarda somos nós!

Tereis a vossa corte fiel, vossos soldados, vossos apóstolos, dispostos e prontos a todos os sacrifícios, a servir-vos, se preciso for, na pobreza, no desprezo, nas perseguições do mundo, no abandono dos amigos, no sacrifício de toda liberdade, de todo gozo natural, na dedicação dum apostolado desconhecido e aparentemente estéril, na doação inteira, no esgotamento cotidiano que se vai sempre agravando, das suas forças, da sua saúde. E tudo isto faremos e vos oferecemos qual dom espontâneo do nosso amor, querendo viver e morrer como essa chama, como esse círio que arde ante a Hóstia divina e se extingue sem deixar vestígio algum. Tudo foi consumido pela glória do divino Mestre.

SEGUNDA MEDITAÇÃO

Caracteres da vocação eucarística

Por que sinais saberei eu com certeza que sou chamado à vida religiosa eucarística? Por um só. O atrativo da Graça.

Jesus Cristo disse-nos: *"Nemo potest venire ad me, nisi Pater, qui misit me, traxerit eum"* (Jo 6,44). "Ninguém virá a mim se o Pai que me enviou não o chamar."

E que atrativo é este?

I

É, em primeiro lugar, um impulso da Graça, forte e suave de uma vez, que atrai a alma a essa vocação especial como o ímã atrai o ferro.

É um impulso mais poderoso que os pensamentos e sentimentos em contrário, que se lhe querem opor, que lhe são até antipáticos. Volta sempre a atacar, quer pela voz interior, quer pelo remorso brando, quer por uma aversão a todas as vaidades do século.

É Deus falando à alma como outrora a Abraão: "Deixa o teu país, a tua família, a casa do teu pai, e vem à terra que te mostrarei".[1]

É também um sentimento maior de devoção e de amor para com Jesus no Santíssimo Sacramento, que empolga a alma, recolhendo-a suavemente e atraindo-a fortemente ao serviço eucarístico.

É um pensamento que se torna dominante e, quando encontra eco, ou correspondência na alma, fica-lhe sendo o móvel de toda a sua vida.

É o atrativo da Graça. É este o primeiro caráter duma vocação eucarística.

II

É, em segundo lugar, uma Graça de paz.

Enquanto a alma não se coloca na sua vocação, sofre, está inquieta, assemelha-se a uma pessoa enferma que de tudo prova e que nada satisfaz. Os livros melhores e mais espirituais não a sabem prender. Os discursos mais profundos não a podem alimentar. As mesmas práticas de piedade, deixam-na estéril.

É que a alma, à semelhança do corpo, tem uma comida que lhe é própria e esta só será substancial e verdadeira quando for segundo o seu atrativo de Graça. Santa Teresa, para só citar um exemplo, sofreu intensamente enquanto não se firmou na sua Graça de oração.

A prova real de que uma alma está de fato seguindo a sua vocação divina, é quando ela goza da paz. "Encon-

---

1. Gên 12,1.

trei o lugar do meu repouso",[2] exclamará então com alegria. Foi a escolha do seu amor.

Nessa paz, a alma preza acima de tudo e a tudo prefere aquilo que diz respeito ao serviço, à glória, ao culto do Santíssimo Sacramento, e cumpre com alegria as práticas e regras do serviço eucarístico.

Está no seu elemento. É o segundo caráter duma vocação eucarística.

III

É, em terceiro lugar, a dedicação cabal de toda a sua pessoa ao Serviço do Santíssimo Sacramento.

A alma verdadeiramente dedicada esquece-se a si mesma, a fim de pensar antes no serviço e na glória do seu divino Mestre Jesus Cristo. Não aspira à vida eucarística para se salvar ou adquirir a virtude, pois isto se lhe apresenta como por demais mercenário.

Não se inspira tampouco, como móvel decisivo ou condicional, no zelo pela salvação das almas. Isto seria fazer passar os servos antes do Senhor.

Não visa, ao solicitar a graça de ser recebido como religioso do Santíssimo Sacramento, tornar-se mais sábio ou mais apóstolo, e sim um fiel adorador de Jesus Cristo. Sente a necessidade de se dar, de se consagrar ao serviço de Jesus Cristo, sem condição ou reserva.

Essa renúncia a tudo pode, às vezes, amedrontar a natureza, mas a Graça não demora em levar vantagem, o amor desperta a coragem, animando-a. A alma que, na verdade, é chamada, e responde fielmente ao seu atrati-

---

2. Sl 131,14.

vo, sente nessa Graça uma força que não lhe é própria e que a leva a não desanimar ante as maiores dificuldades, os mais penosos sacrifícios. Não vê, nem quer senão uma só coisa: atingir o seu fim. Tudo venderá para alcançar a Graça final de sua vocação.

TERCEIRA MEDITAÇÃO

Graça da vocação

Se grande e sublime é minha vocação, grandes e mui grandes são os meus deveres. Devia eu servir a Jesus com a santidade dos Anjos e, no entanto, estou sem virtude, sem mérito, cheio de miséria e de fraqueza.

E como poderei me tornar um verdadeiro religioso do Santíssimo Sacramento? Não seria melhor talvez permanecer eu num estado menos perfeito e me santificar na humildade do estado secular? Não é ousadia minha aspirar a mais?

Ai de mim se recuar ante a Graça que me é oferecida ou recusar a honra que Deus me faz, chamando-me ao seu adorável serviço!

Não serei eu tão generoso para com Jesus Cristo, quando o fui outrora para com o mundo, na ânsia de adquirir um bem terrestre e perecível? E quanto não soube eu fazer para lograr êxito, me tornar agradável! E não valerá, por acaso, a alma mais que o corpo, e Jesus Cristo, mais que uma mísera criatura?

Outros me precederam no serviço de Jesus Cristo, onde perseveraram felizes e contentes, sem medirem sacrifícios com o Mestre. Deram-se inteiramente. E por que não poderei eu o que eles puderam? Disponho das mesmas Graças, dos mesmos meios.

Demais, tudo deve ser fácil em relação à santa Eucaristia, centro e fonte de toda Graça, de toda virtude. É a Eucaristia que dá coragem para a luta, que dá a virtude da vitória; que faz e conserva virgens, que inspira as mais sublimes virtudes, que dá força aos fracos e prudência aos insensatos, que gera confessores e mártires.

Ora, se a santa Eucaristia exerce tanto poder naqueles que a recebem apenas de passagem, quão grande será o seu poder naqueles que vivem perpetuamente dela e com ela e não querem viver senão para ela! Ah! sim, é quase impossível a quem leva vida eucarística ofender a Deus; a quem está em Presença do Santíssimo Sacramento permanecer no pecado; a quem serve o Deus de toda Santidade não se tornar santo. Adotamos com presteza os costumes daqueles com quem vivemos.

Há ainda as Graças próprias da vocação de estado, que Deus me há de dar, Graças essas que se medirão nos meus deveres, nas minhas necessidades. Um rei favorece, em primeiro lugar, aqueles que estão ligados ao seu serviço pessoal.

Ora, posso tudo naquele que me fortifica. E essa Graça particular me tornará leves e suaves os sacrifícios próprios do meu estado. O hábito tudo facilita enquanto a boa vontade triunfa de todos os obstáculos.

Ao amor nada é impossível. Não tivesse eu outra felicidade senão a de ser admitido na Sociedade do Santíssimo Sacramento e poder viver neste Cenáculo divino, o reconhecimento, o amor me deveriam tornar no mais generoso e dedicado dos servos de Jesus Cristo. Não é o amor tudo para Deus, para o homem?

Onde reina o amor, nada há de triste ou penoso. O amor torna tudo belo, amável, até a própria dor, o próprio sacrifício, pois é mui suave, ao coração que ama, fazer algo de grande e de amável para o objeto amado! O sofrimento é a alma, é a perfeição do amor!

Ah! Por que não se tornará para mim o Altar num Calvário de Amor, onde me imolarei todo inteiro, cada dia e a cada hora do dia, com a Vítima Divina que se imola incessantemente por mim?

Conclusão do retiro

Primeira virtude de um postulante: O dom de si

Acabo de sair dum rude combate. O demônio, a natureza, o mundo, tudo se insurgiu contra mim, tudo queria se opor à minha vocação religiosa e me prender para sempre ao mundo.

Vós vencestes, ó meu Deus, e eu triunfei de tudo, auxiliado pela vossa Graça e pela nossa boa Mãe!...

Senhor, que vos hei eu de dar em troca? *"Dirupisti vincula mea: tibi sacrificabo hostiam laudis et nomem Domini invocabo"* (Sl 115,16-17). "Vós rompestes os meus laços e eu vos ofereço em sacrifício uma hóstia de louvor, invocando, Senhor, o vosso Nome."

E, agora, meu Deus, que devo eu fazer? Como começar? Se já sacrifiquei tudo, que me resta fazer? Uma única coisa: principiar bem minha vida religiosa e eucarística, pois tudo depende do primeiro movimento, do início feliz.

I

É preciso, portanto:

1.º - Dar-me todo inteiro a Jesus Cristo, pôr-me à disposição de sua Graça.

2.º - Começar incontinente a servi-lo pelo cumprimento exato da regra, segundo o espírito da Sociedade do Santíssimo Sacramento.

3º - Deixar-me a mim mesmo. "Se alguém quiser me seguir, deve, primeiro, renunciar a si mesmo" (Mt 16,24).

E qual será essa abnegação evangélica? É deixar sua vida individual para viver da Vida de Jesus Cristo. É renunciar às suas próprias idéias, aos seus gostos, aos seu modo de ser, à sua vontade para revestir-se da virtude régia de Jesus Cristo – a santa obediência, obediência toda de amor que, com São Paulo, só tem um desejo, só procura uma felicidade: *"Mihi vivere Christus est."* "Viver em Jesus Cristo" (Fl 1,21).

4.º - Entregar-me a Nosso Senhor incondicionalmente. Deixar-me a mim mesmo é muito, é o *"quotidie morior"* (1Cor 15,31), mas não é tudo. Devo abandonar-me à sua Vontade, entregar-me à sua Graça, qual barro nas mãos do oleiro, para que me amolde e me torne um bom e fiel adorador. Devo entregar-lhe o meu espírito, o meu coração, o meu corpo, toda a minha vida, para que os inspire, forme e aperfeiçoe na Santidade da divina Eucaristia. *"O Domine Jesu, in me vive, in me regna, in me impera!"*

III

É preciso começar a servi-lo sem demora, pelo cumprimento da regra da Sociedade do Santíssimo Sacramento e de acordo com o seu espírito.

A divina Eucaristia é minha regra interior, minha Graça de amor, a inspiradora da minha vida.

A regra é a forma exterior da vida, que, associando-me ao serviço comum a todos os membros, me faz participar das suas Graças e dos seus méritos e, ainda, me introduz no serviço de guarda eucarística, que me cabe e me faz partilhar da glória desse mesmo serviço divino, onde tudo se faz segundo as leis e o espírito da santa Igreja, que tudo regrou, inspirada pelo próprio Deus, "com peso, medida e regra", *"omnia in mensura, et numero, et pondere disposuisti"* (Sb 11,20).

É mister, pois, que, antes de tudo, eu conheça bem as regras práticas do culto eucarístico, da vida religiosa da Sociedade bem como os seus hábitos, a fim de me tornar um membro útil ao fim que se propõe.

A mim cabe começar por aprender ao pé da letra a regra material. Depois, ó meu Deus, acrescentareis o vosso Espírito e, auxiliado pela vossa Graça, e fortificado pelo vosso Amor, farei da regularidade a minha virtude dominante, pois "quem vive para a regra, vive para Deus". *"Qui regulae vivit Deo vivit."*

Apêndice

Meios de aperfeiçoamento na Sociedade do Santíssimo Sacramento*

Posso eu me santificar na Sociedade do Santíssimo Sacramento? Está ela dentro das normas duma sociedade firme e estável?

Está, pois possui todos os requisitos exigidos para uma fundação regular e oferece todas as garantias de salvação. Para convencer-se disto, é mister estudá-la na sua fundação, no fim que se propõe, nos meios que emprega e no espírito que a inspira.

---

* A necessidade desta meditação se apresenta naturalmente à alma, que se sente atraída a servir o Santíssimo Sacramento pelo dom total e definitivo de si mesma. Queremos, é justo, conhecer o destino dum navio, mas queremos também nos informar se este oferece toda segurança. Para satisfazer tão legítima aspiração, São Pedro Julião Eymard resumiu o histórico da fundação da Sociedade nesta Meditação, que reveste, portanto, um caráter à parte. Por isso julgamos acertado reproduzi-la em forma de Apêndice.

I

A sua fundação

1.º - A Sociedade constituiu-se por entre provações longas e penosas, tais que, encaradas por um prisma natural, deveriam constituir obstáculo insuperável. Deus quis, destarte, mostrar que a influência do homem nenhum valor exerce e que este nada podia contra a sua Vontade divina.

2.º - A Sociedade nasceu desprovida de meios ou recursos humanos, sem gozar de proteção ou favor algum, em Paris, onde seus primeiros membros eram desconhecidos, onde não se queriam Congregações novas. Começou no lugar onde sofreu sua primeira provação – foi o seu Belém de amor.

3.º - A Sociedade teve por base a autoridade, e não sentimentos particulares e pessoais.

Antes de tomar qualquer iniciativa, em 1852, o Reverendíssimo Padre Jandel, Mestre Geral da Ordem Dominicana, consulta o pensamento do soberano Pontífice Pio IX. O santo Padre responde que "semelhante idéia é excelente, e que não deixará de abençoar a Obra, caso chegue a vingar".

Dois anos depois, a 27 de agosto de 1855, um sacerdote foi enviado a Roma para submeter ao Papa o plano da Obra. Sua Santidade respondeu: "Estou convencido de que esta Obra é inspirada por Deus e não quero que haja demora na sua execução. A Igreja carece de semelhante auxílio". E no seu benevolente afeto, Pio IX delineia a marcha a seguir para alcançar o fim proposto.

A 1.º de maio de 1856 a questão pessoal e prática da Sociedade era submetida a três bispos, de la Bouillerie, de Tripolis, de Sibour, este último arcebispo de Paris, para que decidissem se a obra devia viver ou morrer. E, no conselho episcopal, onde estava também presente o Padre Carrière, de santa memória, sucessor, na direção do Seminário de Santo Sulpício, do Padre Olier, tão dedicado ao Santíssimo Sacramento, a Sociedade era acolhida, louvada e aprovada. A 13 do mesmo mês, tornava-se ela a filha mais nova da Igreja, recebendo aprovação episcopal, primeiro grau para a instituição canônica na Igreja. Isto, porém, não lhe bastava. Queria ouvir a voz de Roma.

A 20 de dezembro de 1858, às onze horas da manhã, o Superior achava-se aos pés de Sua Santidade, lembrava-lhe a sua promessa paternal, rendia-lhe as primeiras homenagens dessa serva jovem e humilde, da Santa Igreja. E o Papa, com coração tão terno e piedade tão viva, disse: "Eu não deixarei de abençoá-la, mas peço-lhe quinze dias, por causa das festas de Natal". E, ao despedir-se, repetiu por três vezes estas palavras cheias de ânimo: "Que Deus abençoe a vossa Sociedade". E, já na mesma audiência, Sua Santidade designava-se conceder-lhe uma indulgência plenária cotidiana para professos, noviços e agregados.

Dias depois, a 5 de janeiro de 1859, o Santo Padre assinava o Breve de louvor, tão honroso quão animador, não somente para a Obra, como também para aquele que Deus, em sua infinita Misericórdia, se dignara utilizar. E, a 6, festa dos Reis, era esse Breve entregue ao Superior, com grande surpresa de todos aqueles que, conhecendo o fim da sua viagem, receavam que ele devesse permanecer por longo tempo em Roma, sem sequer conseguir um resultado definitivo, como acontece tantas vezes em coisas de tamanha importância. Mas Nosso Senhor e Mestre assim não julgava. O Rei passa antes de tudo!

A Sociedade, fundada na autoridade da Igreja, é uma Obra legítima, que, caminhando com segurança, vive e viverá de sua Graça.

Em 1863, a Igreja reconhecia definitivamente e solenemente aprovava a Sociedade do Santíssimo Sacramento.

Os grandes corpos religiosos – Carmos, Beneditinos, Franciscanos, Capuchinhos, Dominicanos, Mínimos – amaram e abençoaram esta nova irmãzinha, afiliaram-na e lhe fizeram compartilhar dos seus méritos. Todos lhe invejaram a sorte, julgando-a ditosa por lhe ter cabido tão angélica vocação! "Nós, diziam eles ao Superior, temos Santos por fundadores, mas vós, vós tendes Aquele que faz e coroa esses Santos".

II

O seu fim

A excelência duma coisa, duma obra, prende-se principalmente ao seu objeto, ao seu fim. Ora, não há obra maior, nem mais sublime na terra que aquela que tem por fim a Pessoa adorável de Nosso Senhor Jesus Cristo no Santíssimo Sacramento do Altar.

É mais honroso servir ao Mestre que aos filhos e servos. É mais perfeito estar aos pés de Jesus Cristo com Maria, que trabalhar por Ele como Marta. A adoração leva vantagem sobre o apostolado melhor e mais nobre. Há maior Amor na divina Eucaristia que em todos os Mistérios reunidos de Jesus Cristo. A Santa Eucaristia é o meio mais santo, mais poderoso, de perfeição, além de ser o mais amável.

Ora, tal é o fim da Sociedade do Santíssimo Sacramento. O religioso do Santíssimo Sacramento não se chega a Jesus Cristo por meio do próximo, mas vai diretamente ao Mestre, permanece ao seu lado e acompanha-o como Guarda de Honra. Se vier a se ocupar do próximo, fá-lo-á como ordenança do rei, e não demorará em voltar para perto do Mestre a retomar o seu serviço de amor.

O religioso não se chega à Jesus Cristo por meio de protetor ou intermediário algum. Seu serviço prende-o à sua Pessoa divina e ele vai diretamente para junto do Mestre e apresenta-lhe pessoalmente o seu pedido. Não que menospreze ou recuse o auxílio dos grandes da Corte Celeste. Pelo contrário, une-se-lhes para prestar homenagens ao seu divino Rei, revestindo-se das suas virtudes, dos seus méritos; adotando-lhes a bela linguagem de louvores e de amor, para abençoar, louvar e amar o seu bom Mestre. Mas não se detém junto a nenhum, não se torna servo de ninguém, a não ser do próprio Rei.

Por ser pobre, fraco, ignorante, vai, de preferência, orar, adorar, amar e servir a Jesus seu Senhor e Deus, em companhia da Mãe divina. Ora com Maria, serve com Maria, qual filho sempre ao lado da Mãe.

Tal o fim da Sociedade, fim sublime entre todos, fim sempre presente, sempre atual, sempre à disposição do religioso, fim que ninguém lhe pode subtrair nem impedir que alcance neste mundo. Fim perfeitíssimo em si mesmo.

A Sociedade só pede um Altar, para poder ter a Jesus Cristo. Então já na primeira hora de Exposição, possui a plenitude de sua graça, do seu fim. Goza de toda a sua perfeição, por ser adoradora e estar aos pés do Trono de Jesus Cristo. Depois de tal Graça, só vale o Céu.

III

Os seus meios

1.º - A santa Eucaristia é, de uma vez, para o religioso, o fim da sua perfeição e o meio de alcançá-la. Toda Graça dela provém, toda virtude nela se aperfeiçoa. Jesus Cristo no Santíssimo Sacramento é o modelo das virtudes e da vida do religioso. Aí continua a ser humilde, paciente, doce, pobre, caridoso. Aí está ainda como o Cordeiro imolado à glória do Pai para a salvação do mundo, a orar incessantemente por nós. Aí continua sua Vida interior e oculta.

Eis o Mestre e modelo sempre vivo, sempre amoroso do religioso do Santíssimo Sacramento. Viver da Vida eucarística de Jesus Cristo, eis toda a sua perfeição.

2.º - A Sociedade nada suscita ou inventa para o culto eucarístico. Tem, por regra, única, invariável e inflexível, a regra da santa Igreja Romana e observa rigorosamente tudo quanto está decretado, estatuído e definido para o culto do Santíssimo Sacramento. E, quando a Igreja se cala ou deixa liberdade, a Sociedade consulta-lhe o espírito, os usos, o desejo, que vale por sua regra de amor.

3.º - A vida religiosa da Sociedade não passa de simples aplicação das virtudes evangélicas ao seu fim eucarístico. Provém, e deve forçosamente provir, da divina Eucaristia e a ela volver como ao seu fim.

IV

O seu espírito

O espírito da Sociedade não pode ser outro que um espírito de amor, pois deve viver da divina Eucaristia.

E cada um dos seus membros, para tornar-se um verdadeiro religioso, deve partir do amor para alcançar as virtudes, por mais sublimes, e que, feitas pelo amor, se tornarão banais. Deve inspirar-se no amor em tudo o que diz respeito ao seu serviço.

Deve honrar em Maria o seu magno título de Mãe do belo amor; em São João, o de discípulo da sagrada dileção. Ora, com este espírito de amor, um religioso rapidamente se tornará virtuoso, se tornará o mais feliz dos homens.

Quarto Retiro

de seis dias
às Servas do Santíssimo Sacramento
sobre a vocação eucarística

Abertura do retiro

MEDITAÇÃO PREPARATÓRIA

Fim e condições do retiro

I

Qual é o fim deste retiro?

O fim deste retiro é descobrir a Vontade de Deus – Vontade precisa e particular – a respeito de minha vocação. É saber se, sim ou não, Deus me chama à vida religiosa eucarística.

Obra grandiosa, negócio de magna importância para mim, rico em Graças e em sacrifícios.

Representar-me-ei o Verbo divino, Jesus Cristo, deliberando:

1.º no Céu, sobre o amor da Encarnação;

2.º na Ceia, sobre o amor da Eucaristia;

3.º no Jardim das Oliveiras, sobre o amor do Calvário.

Unir-me-ei a Maria, minha Mãe, partilhando do Amor e dos Sacrifícios do seu divino Filho.

II

Quais são as condições deste retiro?

As condições são três.

A primeira é ouvir a Deus para poder conhecer a sua santa Vontade, ouvi-lo interiormente no silêncio e nas santas aspirações. Impõe-se, por conseguinte, o recolhimento interior ou exterior. É mister fazer calar tanto o passado como o futuro, para entregar-me todo à Graça do momento.

A segunda é colocar-me na santa indiferença em relação a toda idéia preconcebida, a toda resolução quer natural, quer espiritual. A tudo receberei diretamente de Deus, na paz de sua Graça, exclamando com São Paulo: "Senhor, que quereis vós que eu faça?" (At 9,6).

A terceira é estar disposto a fazer tudo quanto Deus me pedir no retiro, seja ficar no mundo, seja dar o passo decisivo...

PRIMEIRO DIA

PRIMEIRA MEDITAÇÃO

A vida religiosa

Deus, em sua Misericórdia infinita e toda gratuita, chama-me à perfeição cristã. Ele quer que, à semelhança das santas mulheres que o acompanhavam e serviam durante a sua Vida mortal, eu também faça o mesmo.

Tenho em minha frente dois caminhos que se me abrem para chegar a Deus. O primeiro é servi-lo no mundo; o segundo é acompanhá-lo mais de perto na vida religiosa. Qual dos dois deverei eu seguir? O primeiro me é familiar. Desconheço o segundo. Ora, a vida religiosa é a morte total ao mundo, é a imolação cotidiana de si mesma ao amor de Jesus.

I

Morte total ao mundo.

Aos seus bens. Não se pode mais possuí-los, nem deles gozar. É mister despojar-se de tudo para abraçar a pobreza de Jesus.

À sua estima. Julgará o religioso qual louco e idiota.

À afeição dos amigos e parentes. Não se lhes tem mais nada a dar.

Ah! quão dura é tal morte à natureza! Não ter mais outro bem senão a Providência, outro sustento senão Deus, outra consolação senão a de tudo lhe sacrificar!

II

Imolação de si mesma.

Imolar a cada instante o coração que não morre senão para reviver com força maior.

Imolar a todo momento a vontade nas coisas que repugnam, que se nos afiguram impossíveis, ou despidas de importância.

Imolar incessantemente o espírito e os pensamentos próprios, os atrativos naturais para tornar-se qual hóstia de Deus, imolada por todos. E isto até a morte e por meio de sacrifícios sempre renovados. Ah! que vida de agonia. Ser uma vítima sempre imolada, sem deixar um minuto sequer de sofrer!

Eis o primeiro sacrifício da vida religiosa. Ó meu Deus, que me seja dado vê-lo e compreendê-lo em toda a sua perfeição!...

SEGUNDA MEDITAÇÃO

Vida de comunidade

Que é a vida de comunidade? Quais são os sacrifícios inerentes?

A vida de comunidade é uma vida de abnegação e de sofrimento.

I

É abnegar-se a si mesma para seguir a vida e os exercícios comuns, e isto contrariando os gostos e atrativos pessoais. É rezar com outras quando se quisera recolher-se a sós. É trabalhar em comum quando se quisera estar na cela.

É, nas ligeiras indisposições, estar obrigada ao regime comum, em vez de ter os pequenos cuidados que nos cercavam em casa.

É renunciar às simpatias próprias. É viver com gênios opostos e pessoas ignorantes, com idéias preconcebidas, egoístas, exigentes, sem delicadeza, afeto ou gratidão.

Por vezes, na vida religiosa, a natureza reveste uma aparência pior que no mundo. É que está sempre crucificada e parece, de vez em quando, sucumbir sob o fardo. E este é o maior de todos os sacrifícios; é o cadinho da purificação.

II

É levar vida de sofrimento.

Na vida religiosa está-se exposto a sofrer sem consolo e sem afeição.

Encontrar-se-á talvez uma superiora antipática sob todos os aspectos. E será preciso estar sempre em relações de obediência para com ela, abrir-lhe o coração, expandir-se, enquanto tudo se revolta interiormente, vendo-lhe os defeitos, ou pelo menos a falta de espírito, de aptidão. Que cruz pesada, que calvário árduo!

É sofrer em relação ao diretor, que talvez não nos mostre nem interesse, nem benevolência, deixando-nos entregues a nós mesmos. E este é o último prego que nos crucifica.

E se, por vezes, todas as cruzes se reunirem, então só nos resta Deus.

TERCEIRA MEDITAÇÃO

Vocação eucarística

Dedicar-me à glória, ao serviço e ao amor de Jesus-Eucaristia por meio de Nossa Senhora do Santíssimo Sacramento é dedicar-me e consagrar-me à Obra por excelência do Amor de Jesus e de Maria; é a melhor parte na partilha dos seus favores; é a maior honra que me possa caber neste mundo.

Fazer-me religiosa adoradora, é tornar-me filha de Maria, a rainha e o modelo das verdadeiras adoradoras de Jesus. E qual o preço desta vocação? São três grandes sacrifícios.

I

É, primeiro sacrifício, uma obra a criar do nada, que nada tem senão o amor de Jesus. É preciso começar por

Belém, pela pobreza. Começar sem protetores, baseado só na confiança em Deus, sem visar a outra consolação senão agradar a Deus e procurar sua Glória, sem querer ser senão o esterco de árvore e consentir em ficar qual grão de trigo, que apodrece na terra sem sequer ver a sua haste ou seu fruto abençoado por Deus.

II

É, segundo sacrifício, uma Obra a fundar por entre tribulações, decepções, provações. *Tribulações*. É o mundo contrariando a Obra, enquanto o demônio a combate, com toda a sua malícia. *Decepções*. São as próprias religiosas, os amigos da Obra, que lhas proporcionam. *Provações*. É o próprio Deus quem nos deixa, por consolo único, o sacrifício.

III

É, terceiro sacrifício, expor-se a não alcançar êxito, a passar por presunçosos, por gente de imaginação viva. É trabalhar sem garantia de êxito, tendo por única segurança glorificar a Deus pelo sacrifício de si mesma no serviço da Eucaristia.

Ó meu Deus, por quantos abismos para a razão, por quantos calvários para a natureza, por quantas mortes terei de passar para alcançar o Cenáculo!

SEGUNDO DIA

PRIMEIRA MEDITAÇÃO

A adoração

Qual é o fim da Obra eucarística?

Seu fim é, primeiro, formar com Maria uma corte de almas fiéis e dedicadas, inteiramente consagradas a adorar a Jesus abandonado no divino Sacramento, louvá-lo, amá-lo, servi-lo numa santa emulação com a Corte Celeste.

Ah! quão abandonado está Jesus no seu Tabernáculo! Abandonado pelos indiferentes, pelos incrédulos que o desprezam e renegam. É que Ele está aí com Amor demasiado.

Jesus é abandonado pelos cristãos levianos e mundanos – e em quão grande número! Os prazeres, as visitas, a mesa, o dinheiro absorvem o tempo e a força de alma desses ingratos!

Jesus é abandonado pelas almas piedosas. Ah! quão poucas o servem e amam por Ele mesmo e quão numerosas são as que o deixam apenas lhes sorri o mundo ou nele se encontram à vontade.

Jesus é abandonado pelos seus ministros. Quão poucos são dedicados ao seu Amor eucarístico! Quantos trabalham apenas como mercenários ou simplesmente como cumpridores do dever!

Jesus está quase sempre só, e todavia unicamente por nós permanece no seu Trono de Amor. E ninguém corresponde a esse Amor!

Os mesmos demônios admiram-se e espantam-se ante a ingratidão dos homens para com o Deus da Eucaristia... E Jesus permanece só, esperando alguma alma a quem se possa comunicar e destarte preencher o fim do seu Sacramento.

Ó meu Deus, quanto Amor dum lado, quanta indiferença do outro! E, todavia, haverá maior favor que permanecer aos seus pés? Ventura maior que se sentir perto de sua adorável Pessoa? Não é já o Céu na terra? E tivéssemos só a Eucaristia por recompensa de todos os sacrifícios, já não seria demais?...

SEGUNDA MEDITAÇÃO

Segundo fim: ação de graças

O segundo fim da Obra eucarística é render perpetuamente graças a Jesus pelo Amor que nos testemunhou na instituição deste divino Sacramento.

1.º - Ações de graças solenes por todos os sacrifícios que o seu Amor se impôs ao instituir este divino Sacramento. Sacrifícios de sua Glória, de sua Majestade, do seu Poder, de sua Liberdade, e até de sua Santidade gloriosa, exposta ainda aos desprezos, às injúrias, às blasfêmias, aos sacrilégios os mais revoltantes. Conhecendo-os de antemão, sua dignidade os pesara, vencendo, porém, o Amor todos os obstáculos.

2.º - Dar-lhe perenes ações de graças pelo seu estado sacramental perpétuo e permanente, que tantos sacrifícios lhe custou nesses dezoito séculos! Quantas provas de Amor acumuladas! Quanta abundância de frutos não deu um tal prodígio! Quantas cadeias de Graças desde o Cenáculo até o dia de hoje! Não é justo agradecer a

Bondade desse doce Salvador? É lícito ser ingrato para com o mundo, para com um amigo? Não ama o filho aos pais que lhe deram a vida? Não ama o desgraçado ao seu libertador, seu benfeitor?

3.º - Ações de graças públicas. É preciso agradecer pelos que não agradecem, e estes muitas vezes são nossos parentes, amigos, irmãos em Adão e na fé...

É preciso agradecer antes de obter, simples ato de justiça. Agradecer por todos os benefícios concedidos à Igreja. Agradecer pelos países católicos, e pelo mundo inteiro, conservados e salvos pela Eucaristia.

Sem o sol, o mundo tornaria à sua esterilidade, seria uma mera prisão, uma imagem da morte. E sem a Eucaristia, o mundo cristão seria um deserto árido, um túmulo. Seria o dia derradeiro, prenúncio do juízo final.

Quão delicioso é, pois, passar a vida aos pés do Trono do Cordeiro e dizer-lhe com a Corte Celeste: "Sois digno, ó Jesus, de receber bênção, glória e poder nos séculos dos séculos" (Ap 5,13).

TERCEIRA MEDITAÇÃO

Terceiro fim: a reparação

O terceiro fim da Obra eucarística é a reparação.

I

Jesus é muito ofendido na Eucaristia pelas múltiplas irreverências cometidas pelos próprios cristãos; pelos sacrilégios, cujo número e malícia causam admiração aos próprios demônios.

Quantas Comunhões sacrílegas, em que Jesus é entregue ao demônio, aos atos diabólicos da magia... – e isto ainda em nossos dias! Quantos sacerdotes indignos que traem o seu Mestre e o entregam aos seus inimigos! E só Deus conhece a enormidade desses sacrilégios, os seus mistérios ocultos.

É para reparar tantas abominações que a Sociedade Eucarística vem se prostrar aos pés de Jesus, mais ultrajado aqui que na sua Paixão, porque é mais humilhado, mais aniquilado, porque está mais silencioso e mais paciente, deixando-se ultrajar sem pretexto, crucificar sem glória, amortalhar sem honra.

E quase ninguém pensa em consolá-lo, em lhe enxugar, como outrora a piedosa Verônica, o Rosto maculado por tantos insultos.

Pois bem, tal é a tarefa da Serva do Santíssimo Sacramento. Chorar e sofrer, imolar-se em perpétua reparação a Jesus-Hóstia.

II

A Justiça Divina, à vista de tantos crimes cometidos contra a Eucaristia, quer castigar os culpados. Deus Pai, indignado por ver o seu Filho único tão ultrajado, quer vingar-se.

Mas a alma eucarística pede Misericórdia para os culpados; faz-se com Jesus-Hóstia uma mesma vítima de propiciação. Sofre e faz penitência em lugar de Jesus, que, não podendo mais sofrer, dá-lhe suas Chagas, seu Sangue, seus Méritos e lhe incute o seu Amor pela salvação dos pecadores, a fim de que possa abrandar o Pai celeste e obter da sua Bondade o perdão dos culpados.

Que sublime missão! Como Jesus ficará contente de poder continuar o seu Sacrifício e completá-lo, com a esposa fiel! É o Calvário do Amor. E, conquanto Jesus seja honrado e o Pai eterno glorificada, que importam os sacrifícios?

Que eu sofra, seja crucificado, conquanto Jesus reine – eis minha ventura suprema!

TERCEIRO DIA

PRIMEIRA MEDITAÇÃO

Quarto fim: a súplica

O quarto fim da Obra eucarística é a súplica, a impetração, a oração perpétua.

Na Eucaristia, Jesus é, por assim dizer, um advogado poderoso junto ao Pai celeste, interpelando sem cessar a Misericórdia divina em nosso favor e conservando sempre no Altar o seu estado de vítima a fim de desarmar a Cólera de Deus, seu Pai, justamente irritado contra os culpados.

A Obra eucarística, por conseguinte, se consagra a orar com Jesus Eucaristia.

I

Dedica-se a uma missão de preces e de súplicas, orando sem cessar:

1º: pela Igreja e pelos seus pastores, a fim de que Deus lhes abençoe o zelo e fortifique a coragem;

2º: pela paz e concórdia entre os príncipes cristãos, a fim de que a Igreja possa trabalhar para estender o reinado de Jesus Cristo e santificar as almas;

3º: pela conversão dos incrédulos, infelizmente tão numerosos, a fim de que Deus lhes patenteie sua luz; pelos hereges, para que tornem ao seio da Igreja; pela conversão dos judeus à fé de Jesus Cristo, para que na terra não haja mais senão um só Pastor, um só Rebanho, um só Senhor, Jesus Cristo, nosso Salvador.

II

A Sociedade Eucarística vai mais longe ainda. Escolhe de preferência a parte de Madalena aos pés do Salvador, ou antes isto lhe é Graça e herança de amor. Uma religiosa de Nossa Senhora do Santíssimo Sacramento não deve mais sair do Cenáculo eucarístico, a exemplo de Maria sua Mãe, nem se afastar do Tabernáculo divino, mas aí ficar sempre, qual anjo adorador do Rei celeste.

Deve arder e consumir-se de amor em sua Presença, qual lâmpada eucarística, ou melhor ainda, permanecer como a Esposa aos pés do Esposo divino, numa efusão de caridade divina e de sacrifício cabal, pela sua Glória e pelo seu Reinado.

A vida duma Serva do Santíssimo Sacramento será, pois, essencialmente contemplativa e se passará no amor do retiro, da solidão, do silêncio, longe do mundo, das amizades, da família, para, deixando toda e qualquer obra, quer de zelo, quer de caridade, ocupar-se tão-somente da de Maria, sua Rainha, orando perpetuamente no Cenáculo.

E onde estiver Jesus, ali estará o seu paraíso. Em Jesus temos tudo. Ah! quão mesquinho, quão terrestre é aquele a quem Jesus não basta!

SEGUNDA MEDITAÇÃO

Vida interior de Jesus-Eucaristia

I

Na divina Eucaristia Jesus não tem mais vida exterior. Não possui mais no mundo casa própria, nem lugares privilegiados, não tem relações públicas nem sociais.

Não vai mais, como em Betânia, visitar seus amigos, não fica mais, como em Nazaré, com seus pais, não percorre mais cidades e aldeias para evangelizar os povos, sarar os doentes, procurar os publicanos. Permanece atado, fixado no seu divino Tabernáculo como Prisioneiro de Amor que é.

Já não tem mais movimento próprio; seus sentidos não gozam da liberdade de se aplicar. A vista, o ouvido, a palavra, o tato, tudo está ligado e preso à sua Vida eucarística, a essa Vida interior e oculta que o seu Amor escolheu a fim de no-la fazer amar e querer acima de tudo.

Portanto, para tornar-se uma verdadeira Serva do Santíssimo Sacramento, a religiosa deverá afastar-se da vida do mundo; dessas relações inúteis e dissipadoras que perturbam e enfraquecem a alma; dessas visitas de amizade que a prendem às regras da polidez e às convenções sociais, absorvendo inutilmente grande parte de sua vida; das visitas de seus pais, que enervam a mais forte virtude e impedem a alma de ser toda de Deus.

Uma Irmã adoradora, que se quiser tornar verdadeira serva de Jesus-Eucaristia, deve estar morta ao mundo e desejar e procurar ser esquecida. Não se pode servir a dois senhores. A vida contemplativa é qual gás poderoso, que se esvai e se perde ao ar livre; é qual aroma precioso que se evapora, ao ser aberto o seu invólucro; é qual fogo incipiente que as rajadas de vento abafam e apagam. A vida contemplativa requer solidão, silêncio, recolhimento. Então estará no seu elemento natural.

II

Que é a Vida interior de Jesus na divina Eucaristia?

1.º - A Vida interior de Jesus é toda consagrada a glorificar o Pai Eterno pelas profundas humilhações do seu estado sacramental; pelo sacrifício perpétuo de sua Glória, de sua Majestade, do seu Poder, numa palavra, de sua Natureza Humana glorificada e triunfante no Céu, mas velada e reduzida à impotência na Eucaristia. E isto para honrar o soberano domínio de Deus, ofendido e desprezado pela soberba do homem, mas que a Humildade do Deus da Eucaristia repara e exalta.

Assim, uma religiosa adoradora deve glorificar a Jesus Eucaristia pelos mesmos meios que Ele emprega para glorificar a seu Pai, sacrificando-se a si mesma, imitando e reproduzindo na sua pessoa os abatimentos eucarísticos de Jesus, humilhando-se ante o Deus do Tabernáculo, sacrificando-lhe tudo o que contraria o seu estado aniquilado e as virtudes que continua a exercer tão admiravelmente.

2.º - Na Eucaristia, Jesus vive de Amor. Vive de Amor para com o Pai celeste, oferecendo perpetuamente à Majestade divina a homenagem de todas as suas ações e do seu estado sacramental, para louvá-lo e agradecer-lhe os benefícios que nos prodigaliza e pedir-lhe Misericórdia. E, para tocar o Coração do Pai, Jesus lhe oferece seus Sofrimentos passados, seus Méritos, mostra-lhes suas Chagas; enquanto derrama sobre nós, todas as suas Graças e nos une a Ele, para que identificados com Ele, Deus Pai nos ame, no seu Filho, nosso Salvador.

Jesus-Eucaristia vive de Amor pelos homens. Foi o Amor que instituiu esse divino Sacramento. Foi o Amor que aceitou todos os sacrifícios inerentes. É ainda o Amor que torna Jesus prisioneiro e fá-lo nosso bem, nosso hóspede, nosso alimento, nossa vida.

O amor produz amor, produz unidade de vida. A religiosa deve, pois, unificar-se a Jesus-Eucaristia, deve viver de sacrifícios e imolar-se à Glória do Pai; deve viver de amor para com Deus, de amor para com os homens, oferecendo-se pela sua salvação.

TERCEIRA MEDITAÇÃO

Vida de recolhimento

A virtude magna da religiosa adoradora é o espírito de recolhimento em Jesus Eucaristia.

No recolhimento distingue-se o ato, a virtude e o espírito.

O ato de recolhimento é uma aplicação simples de todas as faculdades e de todos os sentidos num só objeto.

A virtude de recolhimento é o exercício habitual do recolhimento em circunstâncias determinadas e perscritas.

O espírito de recolhimento é a virtude de recolhimento que se tornou dominante até ser a alma da nossa vida, levando-nos a fazer todos os seus exercícios com alegria e diligência e até a desejá-los e procurá-los com amor.

O recolhimento eucarístico consiste em aplicar todos os sentidos e todas as faculdades no serviço e no amor da divina Eucaristia como sendo nosso centro natural, o fim da nossa vocação.

A virtude do recolhimento eucarístico é o exercício atual dessa virtude quando está em Presença do Santíssimo Sacramento ou cumprindo qualquer ato inspirado na piedade.

O espírito de recolhimento eucarístico é fazer da Eucaristia o pensamento dominante do espírito, a afeição principal do coração, o objeto supremo das aspirações da vontade. Numa palavra, o móvel universal da vida.

1.º - A Eucaristia torna-se, então, o elemento por assim dizer natural da Presença de Deus. A alma não vai mais procurar a Santíssima Trindade no Céu, ou Jesus na sua glória. A Eucaristia é-lhe Céu, trono de graça e de amor.

2.º - As virtudes cristãs, levadas ao mais alto grau, não passam então de simples exercícios do amor eucarístico, ou são o alimento desse mesmo fogo divinal. Sob a ação da Eucaristia tornam-se todas eucarísticas. É este o seu caráter próprio.

3.º - A alma verdadeiramente eucarística não pode mais ter outra vida, outra alegria, outra felicidade senão na divina Eucaristia. Tudo lha lembra, tudo lhe é um pretexto de preparação ou de ações de graças, ou de testemunho para com a Eucaristia.

Então sua vida é uma com o seu princípio e o seu amor e tudo o que não se relaciona à Eucaristia é-lhe indiferente e estranho.

Tal a vida de Maria no Cenáculo. Seu espírito se fixava na Hóstia Santa como no seu sol. Seu Coração se prendia ao Tabernáculo como o ferro ao ímã. Sua vontade não desejava senão a Jesus-Eucaristia.

Tabernáculo vivo, onde a Hóstia Santa jamais se consumia, Maria encontrava em si mesma o seu Jesus e era, por assim dizer, o corpo de Jesus sacramentado.

Que bela união, que bela vida. Como Jesus se devia comprazer nesse tabernáculo vivo, ornado de tantas virtudes e cheio dum amor tão puro e tão perfeito. Ah! quão longe estou de me assemelhar à minha Mãe!...

QUARTO DIA
PRIMEIRA MEDITAÇÃO
Humildade eucarística

Uma Irmã adoradora deve basear sua perfeição na humildade eucarística de Jesus.

Na Eucaristia, Jesus faz da humildade sua virtude régia. Fá-la seu manto real, o molde de todas as suas ações, o exercício habitual do seu Amor, o sacrifício perpétuo de adoração que oferece ao Pai celeste.

I

A humildade, manto real de Jesus-Eucaristia.

Essa virtude vela-lhe a Glória, a Majestade, o Poder para só deixar aparecer sua pobreza, sua fraqueza, seu nada enquanto criatura humana.

Assim também a religiosa adoradora deve fazer o sacrifício de toda a glória que, porventura, lhe possa vir quer dos seus pais e do nome que traz, quer dos talentos e das qualidades naturais, para revestir-se do véu eucarístico de Jesus Cristo, que será o seu véu religioso, e que, ocultando-a do mundo, a revestirá da glória do Deus oculto.

II

A humildade, molde de todas as ações de Jesus Eucaristia.

E quão grandes, quão sublimes são as menores ações de Jesus no seu divino Sacramento! Que Glória infinita rendem a Deus Pai enquanto proporcionam um acréscimo de felicidade à Corte Celeste, santificam as almas e salvam o mundo!

E, no entanto, nada transparece exteriormente. Tudo se passa no Silêncio e no Mistério e os homens de nada se apercebem.

Também todas as ações duma Serva do Santíssimo Sacramento devem trazer o cunho e o caráter da humildade de Jesus-Hóstia.

Interiormente, ela deve arder de amor enquanto exteriormente tudo permanece o mais simples e pobre possível. Interiormente, sua devoção deve ser toda de alegria, de ambição deliciosa, exteriormente parece comum. Interiormente, suas virtudes devem ser sublimes e perfeitas e exteriormente aparentar simplicidade banal. Numa palavra, sua perfeição deve assemelhar-se à brasa coberta de cinzas.

III

A humildade, exercício habitual do Amor de Jesus-Eucaristia.

O Amor de Jesus-Eucaristia se nutre de tudo quanto a humildade tem de mais simples, de mais comum, de mais humilhante, de mais aniquilador. É a lenha que anima o fogo do Amor divino.

A humildade, com seu séquito natural, será o alimento mais puro, mais forte, mais perfeito do amor que a religiosa adoradora tem por Jesus-Hóstia.

A humildade será sua oração de amor, sua ação de graças, sua adoração, sua oferta. Numa palavra, aos pés de Jesus-Hóstia, a humildade será o seu dote, o seu ofício.

Esposa pecadora do Rei puríssimo; esposa mendiga do Rei celeste; esposa paralítica do Rei Todo-Poderoso, nunca se esquecerá de sua condição original.

IV

A Humildade, sacrifício perpétuo de adoração e de louvor que Jesus-Hóstia oferece ao Pai celeste.

Um Deus humilhando-se ante um Deus. Um Deus despojando-se de sua Glória, de sua Majestade, do seu Poder para, por meio desses profundos abatimentos, honrar a um Deus. Um Deus aniquilando-se, por assim dizer, para glorificar o soberano domínio de um Deus. Ah! que Vítima, que holocausto perpétuo à Glória infinita de Deus!

Assim é que uma religiosa adoradora deve completar em si mesma o sacrifício de Jesus-Hóstia, realizando na sua pessoa o sacrifício da humildade desse Salvador, fazendo de fato e por virtude o que Jesus continua, glorioso e triunfante, a reproduzir no seu estado sacramental.

SEGUNDA MEDITAÇÃO

Pobreza eucarística

Na Eucaristia Jesus desposa a pobreza. Ele honra essa virtude e ama essa esposa querida acima de tudo.

I

Na Eucaristia Jesus honra a pobreza como esposa sua. Eleva-a à dignidade das outras virtudes. A pobreza é, com efeito, a alma e a perfeição da humildade. Uma humildade honrada e triunfante não merece o nome de humildade. Só quando é pobre e desprezada se torna de fato grande e perfeita.

A vida interior não teria vitalidade nem virtudes se não estivesse morta aos sentidos e à escravidão do século.

É a pobreza que dá mérito à confiança, à paciência, ao sofrimento e ao santo abandono.

É porque Jesus-Eucaristia quis revestir-se das insígnias da pobreza, nelas firmar sua morada, nelas constituir o seu estado perpétuo.

As vestes eucarísticas de Jesus são meras aparências sem substância, formas sem objeto, quais restos ainda visíveis duma coisa já aniquilada. Que pobres vestes!

Não possui nem arrenda Jesus nenhum paço eucarístico. Emprestam-lhe os seus súditos um simples abrigo. Mortal algum tem morada mais pobre interiormente: quatro tábuas, muitas vezes carcomidas ou então quadro pedras grosseiras, eis o seu lar.

Uma mísera mortalha – e quantas vezes suja! – lhe serve de tapete. Os vasos sagrados, paupérrimos – e se forem de ouro ou prata, que valor tem isto para Deus? – constituem-lhe todos os móveis. Os pobres servem-no, os pobres acompanham-no. Tal a representação régia do Rei dos reis.

Sua corte pessoal é pobre. Nenhum tesouro neste mundo o cerca. Nenhum guarda o defende contra seus inimigos. Nenhum raio de Glória ou de Majestade lhe anuncia a Presença.

Aparenta maior pobreza ainda na Eucaristia que aparentou enquanto Criança em Belém, Operário em Nazaré, Homem de Dores no Calvário. Tinha então uma Mãe para guardá-lo e servi-lo; a lei para protegê-lo, homens generosos para confessar-lhe a Verdade, a Realeza, a Divindade. Aqui nada tem.

Uma religiosa adoradora deve honrar a pobreza de Jesus. A esposa deve participar tanto da posição do marido como dos seus pensamentos e desejos. Que vergonha para ela, que desonra para Jesus se ela desprezar a vestidura, a forma, o estado, a pessoa do Rei, seu Esposo!

II

Jesus ama a pobreza acima de todo bem e tudo lhe sujeitou, até a própria Glória; tudo lhe sacrificou, até seu triunfo. Ama a pobreza como o filho à sua mãe, embora pobre; o conquistador, à sua espada vitoriosa; o esposo, à esposa dileta.

Na pobreza, Jesus amava a pobre humanidade, nela via o remédio às suas misérias, o tesouro dos seus filhos, o preço que deveriam pagar para o Céu.

A primeira beatitude, bem como a primeira virtude que nos ensinou, foi esta: "Bem-aventurados os pobres em espírito, porque o Reino dos Céus lhes pertence" (Mt 5,3).

Por isso uma religiosa adoradora deve amar a pobreza. Na pobreza tem o seu dote, a sua veste nupcial, a beleza com que se apresenta ao Rei celeste; as suas Graças, a sua coroa!

TERCEIRA MEDITAÇÃO

Obediência eucarística

A Eucaristia é o maior triunfo da obediência de Jesus. Obediência sem glória, sem condições, sem limite.

I

Obediência sem glória.

Jesus obedece a criaturas imperfeitas, terrestres, ruins. Obedece a outros tantos Judas, a almas sacrílegas, a carrascos espirituais e isso com doçura, com simplicidade, com amor.

É de fato, o Cordeiro de Deus, sempre imolado pelos seus.

Jesus obedece – e mui poucos são os que apreciam a grandeza, a perfeição e o amor dessa obediência ou sequer disto cogitam. Parece natural obedecer Jesus a todos.

A obediência duma Serva do Santíssimo Sacramento, para ser eucarística, deve assemelhar-se à de Jesus. A religiosa será humilde de coração, suave na vontade, simples na ação, universal na submissão.

II

Obediência sem condições.

Jesus obedece logo à palavra do Sacerdote, à vontade de cada fiel. Está sempre pronto a ouvir todos os que a Ele se chegam, a visitar todos os que o chamam, a dar-se a todos os que o querem.

Da parte de Jesus nenhuma desculpa, nenhuma exclusão. Não sabe senão obedecer e por amor à obediência aceitará as mais odiosas humilhações, os mais indignos opróbrios, as mais horríveis profanações. Jesus-Eucaristia faz-se escravo do homem quer seja bom, quer mau.

Ó meu Deus, que amor tão grande é este! A obediência eucarística duma Serva do Santíssimo Sacramento deverá, também, ser incondicional. Incondicional quanto à tarefa imposta, pois tudo é divino em se tratando do serviço dum Deus, e as ocupações mais humildes e apagadas tornam-se as maiores e as mais chegadas a Jesus. Incondicional quanto ao gosto, às simpatias – as ocupações que nos são mais antipáticas são as que mais aproveitam à nossa perfeição, as que encerram maior amor. Incondicional quanto à devoção particular. Jesus é quem dita o que mais nos convém. É Ele quem tudo escolhe, prepara, ordena. Fora da obediência, não existe essa Graça de escol, essa virtude de sacrifício, esse amor puro de Jesus.

III

Obediência sem limite.

Não se reservou nem dias nem horas livres, não limitou o tempo de sua minoridade, ou antes, alistou-se até o fim do mundo.

Jesus obedecerá, pois, a todos e para sempre e isto até a hora em que vier julgar os homens.

E eu, ó meu Deus, quisera guardar a minha liberdade, reservar-me o direito sobre os meus atos, mandar na minha pessoa, dispor do meu domínio soberano! Ah! deixaria então de ser eucarística, de viver da Vida de Jesus, de continuar em mim sua vida de obediência, ativa e merecedora.

Ó santa e divinal obediência, serás a cadeia que me prenderá ao Tabernáculo divino, qual galeote de amor!

Ser-me-ás em todos os caminhos que trilhar, movimento e graça para que possa eu ser obediente até a morte de mim mesma, até a morte do sacrifício – até Jesus, Vítima perpétua e amorosa de obediência na Hóstia santa...

QUINTO DIA

PRIMEIRA MEDITAÇÃO

Jesus, Deus de Pureza

I

Se nada que estiver maculado entrará no Rei do Céu; nada tampouco que for impuro ou imperfeito deve aproximar-se da Eucaristia. Este é o Céu do Amor, e aquele o Céu da Glória.

Na Eucaristia, Jesus é o Deus de toda pureza, de toda santidade. Sua Humanidade santa não reveste aparência nenhuma, nem nada lhe lembra a vida mortal. Seu Corpo está espiritualizado e seus sentidos glorificados.

A religiosa, para servir a Jesus de acordo com sua vida eucarística, deverá, por assim dizer, tornar-se um ser todo espiritualizado, todo celeste.

A Eucaristia é o festim nupcial do Filho do grande Rei, a que são admitidos somente os convidados que trazem a túnica nupcial da santa dileção.

A Eucaristia é a união divina de Jesus com a alma querida. Ora, se só pode haver união entre substâncias da mesma natureza, a santidade não se pode unir ao pecado.

Quão pura deverá, pois, ser a religiosa adoradora, serva, amiga, esposa de Jesus, para merecer-lhe um olhar de amor e de complacência!

Ah! como Jesus amava a Maria, Rainha de pureza. E com que zelo Maria se conservava pura, se fortificava na caridade divina! E eu sou filha sua, adoradora eucarística, com ela, de Jesus. Devo, portanto, procurar assemelhar-me em tudo ao meu modelo.

II

Qual deve ser a pureza duma religiosa adoradora? Tudo nela deve respirar a pureza, a modéstia dos sentidos, dos movimentos, do olhar, das palavras.

A pureza deve exalar-se do seu amor, de toda a sua vida, qual aroma delicioso que exala do lírio.

Pureza de pensamentos, repelindo tudo o que for do século – vaidades, festas e prazeres – para fitar os olhos em Jesus, objeto do seu amor. Maria fixava sempre o seu espírito em Jesus. Todos os seus pensamentos partiam de Jesus, que lhes era centro e lei.

Pureza de desejos, nada mais querendo do mundo, senão o esquecimento, o desprezo e a cruz, nada desejando senão agradar a Jesus, nada ambicionando senão ver a Jesus honrado, glorificado, amado, proclamado Rei de todos os corações.

Pureza de afeições, sacrificando generosamente a Jesus-Eucaristia a afeição natural de todas as criaturas. Não querendo mais ocupar lugar no coração de nenhuma delas e tornando o seu próprio coração, como o de Maria, um jardim fechado, uma fonte que brota somente para Jesus.

Pureza de ações, não procurando senão a glória, o amor, o bel-prazer de Jesus, seu Esposo. Vivendo por Ele, pela abnegação de si mesma, de sua própria vida. Vivendo nele pela efusão de todo o seu ser no Amor de Jesus.

Assim vivia Maria. Jesus era a Vida de sua vida, o Coração do seu Coração, o fim último de todas as suas ações.

Pureza de sofrimento, amando a Jesus puramente para poder puramente sofrer por Ele, saber calar os seus sofrimentos íntimos a outrem, considerando-os quase como indignos de ser oferecidos a Jesus; e deles fazendo um ramalhete de amor para o Esposo divino...

SEGUNDA MEDITAÇÃO

Virtude de caridade

A Eucaristia é o penhor bem como a prova do Amor de Jesus para com os homens. Depois de lhes ter dado tudo, dá-se a si mesmo, entrega-se ao serviço da criatura e põe-se à sua disposição.

A Caridade de Jesus-Eucaristia para com o próximo é suave, paciente, benéfica.

I

Caridade suave.

Jesus é suave para com todos, e sobretudo para com os pobres, os sofredores, a gente rude. A todos recebe com Bondade, com Amor. É o pai amoroso que vai ao encontro dos filhos. É José, que abre os braços aos irmãos. É o amigo que acolhe o amigo.

A caridade duma Serva do Santíssimo Sacramento deve também ser doce, delicada, graciosa e amável e mesmo assim só pagará imperfeita e grosseiramente tudo quanto Jesus faz por ela.

Quão suave e boa foi Maria no Cenáculo! Com que bondade acolhia a todos, um por um, e os via partir felizes e alegres!

II

Caridade paciente.

Jesus espera – dia e noite – com Paciência benigna os servos e filhos, acolhendo-os sempre que a Ele se chegam, com Bondade, sem a menor queixa, sem a menor frieza, sem o menor azedume.

Assim também, em comunidade, a Serva do Santíssimo Sacramento deve ser paciente, suportando com gênio sempre igual as várias índoles daquelas com quem vive e que, quiçá, lhe são antipáticas.

Deve – sofrendo-as com humildade – compadecer-se das misérias e das imperfeições do próximo, a quem procurará corrigir com prudência, ou se não lhe competir fazer, ou não o puder, cobri-lo com o manto da caridade.

III

Caridade benéfica.

Jesus faz o bem a todos que a Ele se chegam, indo-lhes ao encontro, enquanto deseja ardentemente fazer o mesmo pelos seus inimigos.

Assim também a caridade da Serva do Santíssimo Sacramento deve ser benéfica, esquecendo-se de si mesma para pensar nos outros; privando-se a si mesma para socorrer os outros; escolhendo para si o que houver de menos bom, de menos belo, de menos honroso, para deixar a melhor parte às suas Irmãs; considerando-se a si mesma como inferior; desejando ao próximo bem maior que a si mesma, por achar-se indigna de recebê-lo e dele não saber tirar proveito, regozijando-se mui sinceramente do bem, das virtudes, dos êxitos que cabem às outras; lembrando-se de que, pelo menos assim, Deus tem algumas almas dedicadas no seu serviço.

Mas, para ter, nas relações com o próximo, a caridade de Jesus, é mister ver a Jesus nele, ver-lhe a Graça, o Amor, a Santidade ou as infinitas Misericórdias. É preciso ver na face humana de suas Irmãs a imagem de Jesus a nos dizer: "Todas as vezes que fizerdes algum bem ao menor dos meus irmãos, a mim mesmo o fareis" (Mt 25,40).

TERCEIRA MEDITAÇÃO

Jesus Vítima

Jesus, no seu estado sacramental, escolheu a qualidade de vítima por corresponder melhor ao Amor que tem pelo Pai e por nós. Jesus, Hóstia Santa, eis o modelo duma religiosa adoradora.

I

Jesus, Hóstia de imolação, se apresenta sempre num estado de Vítima perante o Trono de Deus, seu Pai. "Eu vi, disse São João, o Cordeiro, num estado de imolação" (Ap 5,6).

Nesse estado de vítima, Jesus oferece sem cessar ao Pai os seus sofrimentos do Calvário; mostra-lhes suas Chagas abertas; suas Mãos e seus Pés traspassados, seu Coração ferido, sua Fronte sagrada trazendo ainda as cicatrizes de sua coroa de espinhos.

Assim também a Serva do Santíssimo Sacramento deve ser uma mesma hóstia com Jesus, oferecida num mesmo altar de imolação e continuando no seu corpo os sofrimentos que Jesus já não pode mais padecer na sua Carne glorificada.

Sofrendo no seu coração a dor e a agonia, que o divino Coração beatificado de Jesus não pode mais sofrer à vista dos crimes e dos pecados dos homens e sobretudo do seu afastamento dessa fonte única de salvação.

Chorando e vertendo lágrimas amargas ao contemplar a Jesus abandonado, desprezado, crucificado pelos seus filhos, por aqueles mesmos que sobremodo honrou e amou. É que toda a Natureza Humana de Jesus se tornara matéria e vítima do sacrifício – se tornara holocausto.

É preciso que todos os sentidos, todas as faculdades, tudo, enfim, numa adoradora a leve a unir-se a Jesus-Hóstia e a imolar-se com Ele no Altar.

II

Jesus, Hóstia perpétua de louvor, de dependência de amor, deseja incessantemente se consumir pela glória do Pai e pela salvação dos homens.

Se fosse Vontade do Pai celeste, Jesus teria continuado sua Paixão até o fim do mundo. Todavia Ele continua, nas almas que lhe pertencem, essa Paixão de Amor. Por elas continua a sofrer, a chorar – nelas continua sua crucifixão.

Uma religiosa adoradora, deve, pois, prezar tudo o que a imola com Jesus, tudo o que prolonga o amor crucificado de Jesus. Só pela altura e largura de sua cruz deve medir o seu amor. Só quando tem algo a imolar ao amor do seu Bem-amado, deve se considerar feliz.

Deve amar a virtude porque é uma homenagem prestada a Deus, um dom oferecido ao amor de Jesus, uma graça para a salvação dos pecadores.

Maria, hóstia de imolação no Calvário com Jesus, é também hóstia de amor no Cenáculo. Que fogo lhe devora e consome a Alma! Que chama se eleva e se dilata do seu Coração. Maria, no Cenáculo, salvava o mundo.

Assim também deve viver e morrer a sua filha.

SEXTO DIA

PRIMEIRA MEDITAÇÃO

Fé eucarística

A virtude que deve sobressair na vida duma Serva do Santíssimo Sacramento é a Fé eucarística.

Essa Fé viva é uma Graça, que ela pedirá com instância. É uma virtude, e virtude fundamental. Exercer-se incessantemente na Fé, na virtude da Fé, no espírito de Fé eucarístico, é-lhe, pois, um dever.

I

A Fé eucarística consiste em crer, como no-lo diz a santa Igreja, que Jesus Cristo está verdadeira, real e substancialmente presente no Sacramento do Altar.

Essa Fé nos faz ver a Jesus Cristo moderado, velado, oculto sob as espécies santas. É o sol que aparece por entre as nuvens, o amigo que se disfarça para nos provar.

II

A alma de Fé vê realmente a Jesus Cristo pelo olhar interior da graça e essa visão espiritual não se limita a um objeto externo, a formas determinadas e limitadas. Alcança toda a Pessoa de Jesus Cristo, isto é, sua Divindade, sua santa Humanidade, suas Perfeições adoráveis, sua Beleza, sua Bondade, seu Amor, tanto quanto o permite o olhar dum viajante terrestre.

Essa visão eucarística assemelha-se à Visão Beatífica dos Eleitos no Céu, na contemplação de Deus, que lhe parece sempre maior, mais amável, mais belo. Assim Jesus no Santíssimo Sacramento aparece à alma adoradora sempre novo, mais precioso, mas terno, mais amável e a contemplação eucarística dessa alma é inesgotável, sempre renovada, procurando a Jesus, de claridade em claridade, de virtude em virtude, de perfeição em perfeição, enquanto o pensamento de Jesus-Eucaristia lhe enche a alma e toda a vida. Esse pensamento supremo, sem se afastar do seu centro, a leva a todos os outros, que lhe são quais raios presos à chama que os produz, ao sol que os gerou. É porque a alma eucarística está sempre em paz, por estar sempre numa unidade de pensamento e, por conseguinte, de amor e de vida.

III

A visão da Eucaristia é uma visão cheia de amor terno e respeitoso. Amor que leva os discípulos de Emaús a reconhecerem a Jesus. Amor que é a luz da Eucaristia. Amor que atravessa as nuvens e conduz a alma aos pés de Jesus. Amor que lhe toca a orla da túnica. Amor que, com São João, o reconhece andando sobre as águas.

O amor, porém, logo que reconhece a Jesus, lança-se, num ímpeto de respeito, aos seus pés, com Madalena, com Pedro.

A alma eucarística desabrocha, para depois correr ao encontro do seu Bem-amado até que a presença do seu Rei, a majestade do seu Deus, lhe inspiram um santo respeito e não ousa mais adiantar-se. Então Jesus deverá atraí-la, chamando-a com estas palavras tão belas quão consoladoras: "Vinde a mim e Eu vos consolarei. Vinde, esposa querida, eleita do meu Coração, penetrai nos celeiros de minha divina Caridade".

E a alma, esquecendo-se do bulício do mundo, esquece-se também do seu corpo, mera cadeia terrestre. Tal é o fruto bendito da visão eucarística de Jesus. A alma encontrou o divino Mestre.

SEGUNDA MEDITAÇÃO

Virtude da Fé eucarística

A Fé eucarística é a ciência e a visão espiritual de Jesus Cristo no Santíssimo Sacramento. É uma participação da Visão Beatífica dos Santos na Glória.

Ah! quão deliciosa e quão beatífica é esta visão de Fé de Jesus-Hóstia! Quão doce é a contemplação de Jesus velado pelo Amor!

Mas a alma eucarística deve ir além. Deve viver da virtude de Fé eucarística, e esta virtude está no respeito, na piedade, na devoção a Jesus-Eucaristia.

I

Respeito eucarístico.

A Fé mostra-nos o mesmo Jesus que João Batista apontava aos judeus, porém Jesus ressuscitado, glorificado, assentado no seu trono, Jesus Deus de Majestade.

Ah! se me fosse dado ver a Glória de Jesus Cristo no Santíssimo Sacramento, Glória real e verdadeira, embora invisível aos fracos olhos humanos, que majestade! que poder! que grandeza encontraria. E a ação desse sol brilhante bastaria para esmagar-me, consumir-me toda inteira.

Quão grandiosa é a Corte invisível que lhe cerca o Trono! Essa corte eucarística é composta de milhões de Anjos e Santos que, prostrados até a terra, adoram o Cordeiro imolado, celebram com transporte os seus louvores, exaltam-lhe a Bondade e a Misericórdia, celebram-lhe os triunfos.

A alma fiel, ante a idéia dum tal espetáculo, estremece, num silencioso e santo respeito. O primeiro ato de sua fé é lançar-se aos pés do Rei celeste, humilhar-se, aniquilar-se como São João no Apocalipse, ante a visão do Filho de Deus.

Tudo, em sua pessoa, deve estar impregnado desse santo respeito. A modéstia transparece nos traços, no olhar, no porte.

Ante o sol divino, tudo o mais se eclipsa. Desaparecem amigos e poderosos da terra, desaparecem mesmo os Anjos...

II

Piedade eucarística.

A Fé mostra-nos Jesus Cristo não somente enquanto Deus de Majestade, mas também enquanto Deus de Bondade, fonte de toda Graça, de todo Dom, de todo Bem.

A piedade duma alma eucarística deve ser inspirada e alimentada pela Eucaristia e, por assim dizer, encerrada nesse elemento divino. Suas orações devem brotar da Eucaristia, ou a ela conduzir. Suas meditações devem levar o cunho do caráter eucarístico. Suas virtudes devem revestir-lhe o espírito até tornarem-se, cada qual a seu modo, uma forma variada da veste eucarística de Jesus, ou melhor, um exercício do seu amor.

Jesus-Eucaristia deve ser, naturalmente, princípio e regra de suas virtudes e do seu fim último. Se todas as virtudes da criança trazem o selo da piedade filial, se todas as ações dum rei são régias, assim também todas as virtudes e todas as ações duma Serva do Santíssimo Sacramento devem ser essencialmente eucarísticas.

III

Devoção eucarística.

A devoção é o amor que se dedica alegre e constante. Não se encontra dedicação maior que numa criança, nem generosidade maior que numa esposa.

A devoção duma Serva do Santíssimo Sacramento, para estar à altura de sua vocação, deve ser eucarística, isto é, dirigir para o serviço de Jesus-Hóstia toda a generosidade de sua alma.

Deve ser toda eucarística, alcançando tudo o que diz respeito ao serviço e à glória de Jesus-Hóstia. Deve ser exclusivamente eucarística. A esposa dá-se exclusivamente ao esposo.

Jesus-Eucaristia é meu tudo e fora dele tudo o mais é nada para mim.

TERCEIRA MEDITAÇÃO

Espírito de Fé eucarística

"O justo, disse São Paulo, vive de Fé" (Gl 3,11). É este espírito de Fé que lhe deve animar todas as ações.

A Serva do Santíssimo Sacramento, por sua vez, deve viver do espírito de Fé eucarística se quiser ser perfeita em sua vocação.

Ter espírito de Fé eucarística é comprazer-se no serviço do Deus da Eucaristia, é procurar todas as ocasiões que possam honrar e glorificar a Jesus-Eucaristia.

Viver do espírito de Fé eucarística é fazer da Eucaristia o centro dos seus pensamentos. A divina Eucaristia será, pois, o pensamento amoroso do seu espírito, o afeto soberano do seu coração, o bem supremo de sua vontade.

Então viverá a alma do espírito de Fé eucarística.

I

A Eucaristia, pensamento amoroso do espírito.

Isto é, torna como que natural à alma esse pensamento amável, de tal forma que nos venha sem esforço, sem trabalho, naturalmente. É, numa palavra, torná-lo tão habitual e universal que tudo suscite a lembrança da Eucaristia, que lhe será o ramalhete espiritual da alma.

Não será tão difícil adquirir esse pensamento habitual, se fizermos da divina Eucaristia, durante oito ou quinze dias, o centro de nossa vida, multiplicando as nossas aspirações. Ah! quão ditosa e livre é a alma que tem o pensamento em Jesus-Hóstia!

Adoradora perpétua, recebe sempre os raios desse sol de amor, enquanto o seu espírito vive em Jesus-Hóstia!

II

A Eucaristia, afeto soberano do coração.

O coração estará onde estiver o seu tesouro, isto é, onde se encontrarem suas alegrias, seus desejos, sua felicidade.

O pensamento do coração é sempre ativo. É a chama dum fogo sempre ardente.

Assim, também, o pensamento eucarístico do coração acompanha as aspirações, as pulsações. Jesus-Eucaristia não somente lhe constitui toda felicidade, mas torna-se a paixão viva e poderosa de sua alma. Ela o deseja e procura, com Madalena e com a Esposa dos Cânticos, chorando a sua ausência e suspirando pelo Bem-amado.

Julgando estar Ele em todo lugar, está sempre a perguntar por Ele a todos. E quando o encontra, seu coração dilata-se ao ouvir-lhe a voz suave. Então morre de amor enquanto não torna a viver para procurá-lo com ardor sempre crescente.

III

A Eucaristia, bem supremo da vontade.

Nenhum valor mais existe para a alma, que possui o espírito de Fé eucarística, nem os bens e os prazeres desta terra, nem as criaturas.

Antes, pelo contrário, quando é obrigada a ter relações com o mundo, move-a uma grande tristeza e, ao compará-lo com Jesus-Eucaristia, invade-lhe a alma um imenso desgosto, um quase horror.

Ou, se precisar receber as criaturas e com elas se entreter, sua conversa visará ao serviço ou ao amor da divina Eucaristia. Qualquer outro assunto a deixa indiferente, alheia, sofredora e, quiçá, indelicada.

Ah! é que a Eucaristia é seu único tesouro, seu elemento, sua Graça, sua vida. Fora disto, sofre e se consome.

Conclusão do retiro

Jesus-Eucaristia é minha força

Quero seguir a Jesus-Eucaristia, dar-lhe inteira e exclusivamente o meu coração e minha vida, mas não posso por mim mesma, com a virtude atual e o poder, ou antes, a fraqueza do meu amor, aspirar a tão sublime vocação. Preciso que Jesus-Eucaristia seja a luz do meu espírito, a força da minha vontade, a vida do meu coração. E não é Jesus tudo isso para aqueles que o procuram com amor?

I

Jesus-Eucaristia, luz do meu espírito.

Ele é a grande luz que ilumina todo homem que vem ao mundo. É ele sol interior que esclarece as almas que o querem seguir. Ah! era só aos pés de Jesus-Hóstia que os santos descobriam essas grandes verdades, esses raios de claridade, essa Ciência de Deus, tão preciosa e tão rara!

Jesus na Eucaristia é sempre o bom Mestre que instrui a alma fiel, revelando-lhe com doçura sua própria miséria, seu nada; mostrando-lhe a Verdade sem discussões, sem nuvens e sem esforços; manifestando-lhe com amor sua santa Vontade, seus desígnios sobre sua pessoa. Ah! como essa palavra interior penetra o recôndito da alma! Como a empolga deliciosamente com a Beleza, a Verdade, a Presença de Jesus, com sua Divindade, sua Bondade!

É Madalena aos pés de Jesus, iluminada pela sua graça. É João recostado no Coração de Jesus e aurindo dele a ciência e a doçura da santa dileção.

Ó Jesus, sede-me luz e ciência. Sede-me a nuvem luminosa do deserto, o Mestre único, pois outro não quero! Fora de vós tudo é nada para mim. Falai-me como aos discípulos de Emaús. Que meu coração se abrase ao ouvir-vos a voz!

II

Jesus-Eucaristia, força de minha vontade.

Por quantos sacrifícios deverei passar para alcançar o Tabernáculo! Que laços terei de romper, quanta coisa abandonar, sacrificar. Que imolação longa e penosa da minha pessoa deverei começar e continuar até o último suspiro!

Ó meu Deus, minha alma treme, minha virtude sucumbe! Sinto que não tenho asas para voar até o cume da montanha divina. Tudo me inspira receio – e até de mim mesma tenho medo!

Mas Jesus-Eucaristia será minha força. Foi a Eucaristia que fez os primeiros cristãos, sustentou os Mártires, inspirou e santificou as Virgens.

Com Jesus tudo poderei. Auxiliada pela sua Graça, imolarei a minha natureza, com a mesma facilidade e alegria com que se prende um leãozinho recém-nascido.

Firmada nele, caminharei sobre as ondas fortes do mar, passarei com toda segurança por entre leões e dragões. Pois quanto mais fraca for eu, mais triunfará em mim a Força de Deus. A Ele, pois, toda a Glória.

III

Jesus-Eucaristia, vida do meu coração.

Para que Jesus me seja luz e força, é preciso que eu seja toda dele, isto é, que lhe dê meu coração, e com o meu coração, todos os bens, todos os prazeres, todas as alegrias deste mundo. É preciso que meu coração seja um deserto, uma casa vazia.

A idéia desse vazio, desse deserto, desse despojamento, entristece-me o coração. Estas palavras – nada mais! – equivalem a uma agonia.

Jesus-Hóstia, porém, a tudo supre. É Ele o Bem supremo, a Alegria sem mácula, a Felicidade inefável. Seu pagamento é o cêntuplo, é o infinito.

Só à alma amante é dado sentir o júbilo dessa vida eucarística, que tudo encontra em Jesus, enquanto Jesus lhe é tudo.

(Fim dos Retiros)

Meditações suplementares

Da Salvação

I

Preciso salvar a minha alma, isto é, ganhar o Céu, evitar a eternidade do inferno. Não há meio-termo. Salvar a minha alma é o fim da minha criação, da minha Redenção, é o fim da minha vida.

Deus criou-me só para si.

Jesus Cristo, que nos disse: "Eu sou o Caminho, a Verdade e a Vida" (Jo 14,6) só veio ao mundo para ser meu guia, meu mestre e minha força no caminho do Céu.

O Espírito Santo tem por missão santificar-me, formando a Jesus em mim.

A santa Igreja, enquanto mãe que é, tem por fim alimentar-me, educar-me e conduzir-me ao Céu.

Tudo, tanto na ordem da natureza como na da Graça, me deve servir de meio para alcançar o fim último de minha vida, que é servir a Deus soberanamente.

Com tantos auxílios, a salvação me deve ser fácil.

A condição, porém, sem a qual não me posso salvar, é *querer eu* salvar-me e querê-lo eficazmente.

II

Preciso salvar-me a todo o custo.

Salvar-me, servir a Deus por Nosso Senhor Jesus Cristo, ganhar o Céu, é a obra magna de minha vida. Tudo o mais não passa de puerilidade, vaidade, decepção.

Salvar-me é negócio particular. Cada um por si e para si, em se tratando da Eternidade.

Se conseguir salvar a minha alma, tudo está ganho. Se não o conseguir, tudo está, pelo contrário, irremediavelmente perdido.

Na hora da morte, só uma coisa pode consolar e animar a alma prestes a apresentar-se a Deus: é tê-lo servido fielmente.

Riquezas, dignidades, prazeres deste mundo, deixam após si pesar e remorso. Mas, para quem já está por amor a Deus morto a tudo o que não é Deus, ou para Deus, então bem suave é morrer.

Por isso os Santos tudo sacrificaram em vida. E assim fizeram para mais de perto se dedicarem a Deus. A lei soberana de sua vida era: Quero salvar a minha alma, a todo o custo, embora venha a sofrer o martírio.

III

Preciso salvar-me, empregando meios garantidos.

O verdadeiro amor que devo ter por mim mesmo manda que eu os adote. Meios dúbios me lançariam em horríveis perplexidades. Meios estéreis seriam a mais perigosa das ilusões.

Urge, pois, a todo o preço, abandonar esse estado de pecado, se por desgraça nele caí. Urge, ainda, evitar cuidadosamente as ocasiões ordinárias e mesmo prováveis do pecado, receando tudo da minha fraqueza, se viesse a me expor livremente e munindo-me das armas espirituais indispensáveis para resistir às seduções que me envolvem.

Grande é o número de Santos que, para melhor garantia de salvação, praticaram a perfeição evangélica e seguiram a Jesus Cristo no sacrifício de tudo. Almas nobres que o amor do Salvador elevou ao heroísmo das virtudes cristãs.

RESOLUÇÃO: Examinar o que nos pode levar à perdição, ou pôr nossa salvação em perigo.

MÁXIMA: Quero salvar a minha alma a todo o custo.

ORAÇÃO: *"Adveniat regnum tuum"*.

A lei de amor

A primeira lei do amor é não pecar contra a pessoa amada, isto é, dela não se envergonhar, nem a desonrar preferindo-lhe um inimigo seu, ou fazendo aquilo que seja suscetível de entristecê-la, ofendê-la ou fazê-la sofrer. Tal é o pecado contra Deus e contra a lei do seu amor.

I

O pecado é um ato de desprezo do divino, porque é preferir uma coisa vil ou má, uma criatura criada do nada, ao próprio Deus.

O pecado é um ato de rebeldia, porque Deus no-lo proíbe e o cometemos contra sua Vontade, e apesar de sua proibição.

O pecado ataca a Deus em todos os seus Atributos. Ataca sua Glória, que macula e destrói no homem. Sua Bondade, que despreza. Seu Poder, que zomba. Sua Paciência de misericórdia, de que abusa com insolência. Suas Promessas celestes, às quais antepõe o prazer e a glória deste mundo. Sua Justiça tão terrível, no inferno que nega, ou cujas ameaças desafia.

O pecado é inimigo pessoal de Nosso Senhor Jesus Cristo, cuja Graça despreza enquanto paralisa o fruto da Redenção e destrói o Reinado de Amor do nosso Salvador, tanto nas almas como no mundo.

O pecado é o carrasco de Nosso Senhor Jesus Cristo, a quem humilhou e crucificou em Jerusalém, e a quem humilha e crucifica duma maneira ainda mais indigna nas almas culpadas que lhe são sacrílego calvário.

Quão horrível mal é o pecado!

II

O pecado é o único mal do homem. E é o único mal de Deus.

Deus tem mais horror a um simples pecado venial do que amor a todos os bens da natureza ou, toda a glória que o homem lhe possa procurar. Por isso, se nos fosse dado por meio duma pequena mentira salvar a todos os homens da terra, não deveríamos de modo algum cometer essa falta, por pequena que fosse, porque ofende a Verdade de Deus. Eis por que os Santos mais receio tinham do pecado, embora ligeiro, do que da perda de todos os bens, da privação de todas as satisfações, das perseguições e da morte, que não passam dum mal físico, enquanto o pecado é o mal positivo do homem e de Deus.

Melhor seria nunca ter existido, a existir por causa duma ofensa feita a Deus. Melhor é ter o mundo todo por inimigo, a tê-lo por amigo pela injúria feita a Deus. Melhor é ser humilhado, sofrer, ser pobre e desprezado com Jesus Cristo, a viver honrado, rico e feliz em pleno pecado.

Se eu souber conservar a pureza de alma, ser-me-á dado, na hora da morte, gozar da felicidade.

Se nenhuma mácula acompanhar o meu último suspiro, voarei à Pátria qual anjo puro que cumpriu com a missão divina que lhe fora confiada.

Se minha alma for pura, Deus fará nela as suas delícias. Se o estado de Graça for o meu estado de alma, tudo o que dele decorrer será puro, santo e cheio de mérito aos Olhos de Deus.

Oh! quão precioso estado é, pois, o do cristão que goza da Graça Santificante. Será o meu? Terei eu sempre trabalhado com essa Graça sobrenatural? Ai de mim! Quantas obras perdidas! Quantos dias estéreis! Quantos anos, talvez, cheios de culpas, se adicionar todos os momentos maculados pelos meus pecados.

III

O que me compete fazer para cumprir com essa lei de amor?

Compete-me, em primeiro lugar, evitar o pecado, por mais insignificante que me pareça e evitá-lo a todo o custo.

Por que não me ter em Presença de Deus, meu Pai e Jesus, meu dulcíssimo Senhor, como me tenho em presença dos meus bons pais ou dum amigo que merece a minha estima?

Compete-me, em segundo lugar, combater em mim mesmo o poder que tenho de pecar, lei dos membros que se insurge contra a da consciência; a tirania das paixões desregradas da concupiscência, que ameaça a todo o momento a Graça de Jesus Cristo em mim, o seu Espírito, a lei do seu Amor; a sedução do mundo ímpio que me quer fazer renunciar ao preceito evangélico, aos sacrifícios da virtude cristã, para tornar-me seu escravo fiel.

Compete-me, em terceiro lugar, reparar as minhas culpas, consolar o Coração de Deus e chorar com Madalena e com Pedro, por ter ofendido o melhor dos pais, Jesus, o meu bom Mestre que tanto me amou!

Graça de santidade

A cada cristão cabe uma Graça particular de santidade, Graça que se torna sua lei, o molde e o centro de sua vida. É mister, pois, que a conheça bem e lhe seja fiel.

E qual será para mim essa Graça régia?

É a Eucaristia, e essa Graça data de minha Primeira Comunhão, dia em que me dei a Nosso Senhor e em que Ele se deu a mim.

A santa Eucaristia foi meu sustentáculo na virtude. Sem ela eu teria desanimado e teria me perdido. Foi a alma de minha piedade, qual foco que produz e alimenta a chama.

Se me tem sido dado gozar alguns momentos de felicidade, foi certamente na santa Comunhão. Foi em Presença do Santíssimo Sacramento.

A Eucaristia é, pois, a Graça soberana de minha vida e lhe deve constituir a lei, o molde e o centro.

I

A Eucaristia, lei de minha vida.

É seu amor, sua devoção, seu culto, junto à santa Comunhão, que devem ser a lei de minha vida cristã, porquanto o principal deve passar antes do acessório, o mestre antes do servo, o alimento antes do trabalho.

A Eucaristia foi-me dada por Nosso Senhor Jesus Cristo para ser meu Pão Vivo, meu Pão de Vida. Ora, nossa força e nosso trabalho medem-se em nossa vitalidade.

E a Vida que a santa Comunhão me comunica é a mesma Vida de Jesus Cristo, já que a Ele mesmo recebo. É, portanto, dele e para Ele que devo viver.

Mas como? Fazendo da santa Comunhão o fim tanto das virtudes como dos atos que lhe são próprios. Fazendo tudo na vida cristã quer como preparação à santa Comunhão, quer como ação de graças.

Na escolha de minhas leituras, no cumprimento de minhas ações comuns, no espírito de piedade, no exercício mesmo da Presença de Deus, devo procurar a Glória do Deus da Eucaristia, assim como o servo real procura em tudo – nos seus predicados, nos seus estudos, nas suas aptidões naturais – o serviço imediato do Rei.

II

A Eucaristia, molde de minha vida.

O amor é essencialmente imitador. Adota facilmente o modo de falar e os hábitos daqueles com quem vive.

Devo, portanto, imitar a vida sacramental de Jesus, que é o seu estado presente, a sua Vida atual.

Ora, em que se molda a Vida de Jesus no seu Sacramento de Amor?

Molda-se na *humildade,* que lhe constitui o estado. Jesus aniquila a glória tanto de sua Divindade como de sua Humanidade glorificada.

Na *obediência*. Obedece espontaneamente ao sacerdote, aos fiéis, aos seus próprios inimigos.

Na *doçura* e na *bondade*. Sofre sem se queixar, sem se vingar, e a todos acolhe com benevolência.

Na *vida de recolhimento perfeito,* pela imobilidade das Santas Espécies, pela solidão e pelo silêncio, longe do bulício do mundo, sempre preso ao Tabernáculo.

III

A Eucaristia, centro de minha vida.

Quem ama, fixa-se no objeto do seu amor. O amor é uma troca de vida. "Quem comer a minha Carne e beber o meu Sangue permanecerá em mim e Eu nele" (Jo 6,57 - Vulg.), disse o Salvador. E quão deliciosa é essa morada!

"Onde estiver o vosso tesouro, aí estará o vosso coração" (Mt 6,21). E haverá tesouro maior que a posse de Jesus?

Trabalha-se no lugar em que se vive. Devo, portanto, trabalhar na divina Eucaristia, no Amor de Jesus. Não dizia Ele aos seus discípulos: "Permanecei no meu Amor?" (Jo 15,9).

O amor é o grande conselheiro do homem. E poderia eu ter melhor conselheiro que Jesus? Ele é a Verdade, toda a Verdade, natural e divina. É a Graça da Verdade, qual sol, fonte da luz e do calor dos raios que produz.

A Eucaristia é o sol divino das almas, iluminando-as, aquecendo-as e fecundando-as.

Por isso a devoção ao Santíssimo Sacramento deve ser a lei de minha vida, o molde de minhas virtudes, o centro do meu coração.

Da vida religiosa

Que é a vida religiosa?

A vida religiosa é uma vida de imolação perpétua. É o *"quotidie morior"* (1Cor 15,31) de São Paulo. É o sacrifício de toda a vida natural.

I

É o sacrifício do espírito.

É preciso renunciar a toda idéia própria, a todo parecer pessoal, para seguir somente as idéias, os pareceres e as opiniões ditadas pela obediência.

É preciso, em igualdade de condições, dar preferência à obediência e, na dúvida, reconhecer o seu direito.

"Si quis vult post me venire, abneget semetipsum." "Se alguém quer ser meu discípulo, deve começar por renunciar a si mesmo" (Mt 16,24), disse Jesus Cristo.

II

É o sacrifício do coração.

É preciso, ao penetrar na vida religiosa, imolar o coração só a Deus. Renunciar à estima e à amizade do próximo. Desprezar a opinião do mundo. *"Mihi mundus crucifixus est, et ego mundo."* "O mundo, disse São Paulo, está crucificado para mim e eu para ele" (Gl 6,14).

É preciso deixar os pais – e para sempre. Amá-los somente em Deus e espiritualmente e contar com a sua indiferença, o seu esquecimento, o seu desprezo. *"Qui amat patrem aut matrem plus quam me, non est me dignus."* "Quem amar o pai ou a mãe mais que a mim não é digno de mim" (Mt 10,37), disse Jesus Cristo.

É preciso imolar as afeições particulares, tudo o que merece nossa preferência, tudo o que prezamos de modo especial. *"Si quis venit ad me, et mon odit... animam suam, non potest meus esse discipulus"* "Quem vier a mim e não odiar a sua alma, não poderá ser meu discípulo" (Lc 14,26), são palavras de Jesus Cristo.

III

É o sacrifício do corpo.

É preciso renunciar às delicadezas físicas, à alimentação escolhida, às comodidades da vida, aos mil e um cuidados, às atenções duma amizade oficiosa, para contentar-se só com o necessário em comum.

É preciso abraçar a vida de penitência e de mortificação. *"Si quis vult post me venire... tollat crucem suam et sequatur me."* "Se alguém quiser ser o meu discípulo, que leve a cruz e me siga" (Mt 16,24), disse Jesus Cristo.

"Semper mortificationem Jesu in corpore nostro circunferentes, ut et vita Jesu manifestetur in corporibus nostris." "Cinjamo-nos sempre com a mortificação de Jesus para que sua Vida se manifeste na nossa carne mortal" (2Cor 4,10).

IV

Tais são os primeiros sacrifícios exigidos pela vida religiosa, sacrifícios continuados a cada minuto do dia e da noite. Vida à qual nunca nos podemos habituar. Vida que é um sacrifício sempre renovado.

Terei eu a coragem de fazer sacrifício tão penoso à natureza? E se tiver coragem para dar o primeiro passo, terei a força para perseverar até a morte? Não me arrependerei eu mais tarde de ter abraçado uma vida tão contrária aos meus hábitos, aos meus gostos, a todo o meu modo de ser?

Quem sabe se aquilo que hoje me parece tão belo na vocação religiosa, não se tornará para mim insuportável mais tarde?

Por outro lado, se Deus me chama à vida eucarística, quero segui-la como religioso perfeito e não fazer nada pela metade. Melhor seria então não sair do estado em que estava.

Por que eu não hei de fazer pelo Serviço de Jesus Cristo o que tantos homens fazem pelo serviço dum chefe, dum príncipe, dum protetor? E se eu me sacrificar nesse Serviço de Jesus Cristo, que poderei perder, ou antes, que não devo esperar e aguardar de tão bom Mestre?

Reinado eucarístico de Jesus

Jesus Cristo estabelece o seu Reinado eucarístico na alma fiel pela morte e pela humilhação que a esta acompanha.

Pela morte, estabeleceu o seu Reinado. Pela humilhação conserva-o e aperfeiçoa-o.

I

Reinado eucarístico de Jesus pela morte.

Na consumação do seu Sacramento, Jesus Cristo transforma o pão e o vinho no seu Corpo, no seu Sangue, na sua Alma, na sua Divindade. Exerce, desse modo, o domínio soberano sobre a matéria inerte, que se torna algo de divino, no próprio Jesus Cristo.

Jesus Cristo estabeleceu o seu Reinado eucarístico no cristão pela destruição e morte de todos os seus pecados, imperfeições e afeições desregradas e naturais, mas, sobretudo, pela destruição do seu amor-próprio, numa palavra, pela morte do homem velho.

Jesus Cristo, pela Eucaristia, faz na alma cristã o que fez na criação do homem. Vivifica-a pelo seu Poder, orna-a com sua Graça, derrama sobre ela as delícias do seu Amor, une-se-lhe sacramentalmente e torna-se-lhe princípio, centro e vida. Numa palavra, forma com a alma cristã, por assim dizer, uma mesma pessoa.

A alma eucarística pode então exclamar sinceramente: "Não são mais meu espírito, meu coração e minha vontade que operam em mim, mas sim o próprio Jesus que vive em mim".

E, para realizar tal prodígio, Jesus apreende a razão e o espírito do homem e dá-lhe em troca o seu. Então, Jesus revela-se à alma cristã, por entre as trevas do seu próprio túmulo, pelos pensamentos elevados, pela percepção súbita e divina das luzes eucarísticas!

Jesus apreende ainda a vontade do homem e transforma-a, por assim dizer, na sua própria Vontade. A alma eucarística não sabe querer senão o que Jesus quer, desejar senão aquilo que deseja. Não ambiciona mais coisa alguma, fora de Jesus, que é toda sua Vida – ou, se tiver algum desejo, será o de sua própria morte e destruição, para viver espiritualmente da Vida de Jesus.

Jesus-Eucaristia arde e consome todo amor estranho, em contradição com o seu. Aplica o selo do seu amor, da sua aliança, da sua soberania no coração querido que enriquece, para que ninguém ouse lho subtrair, ou dele se apoderar, e oculta-o no seu próprio Coração, para que ninguém o possa encontrar. Transforma-o no seu, a fim de que haja uma só pulsação, um só movimento, um só amor.

Jesus reina pela sujeição do corpo. Sua Presença impõe respeito às feras que trazemos em nós. Trava as nossas paixões desordenadas. Espiritualiza de certo modo nossos sentidos, tornando-os servos fiéis da esposa de Jesus-Hóstia.

Assim é que Jesus reina pela morte do homem velho, transformando-o num homem novo, nele mesmo.

Então o homem eucarístico continua em si a Vida da Encarnação e da Paixão, a Vida de Amor do doce Redentor. Torna-se, pode-se dizer, o corpo de Jesus Sacramentado. A alma torna-se-lhe um templo vivo, o coração um altar, a vontade a vítima e todo o seu ser um holocausto de amor.

Jesus triunfa na alma eucarística pela morte ao mundo e fá-la operar, por essa morte, os grandes prodígios do seu Amor.

Para instituir a divina Eucaristia, Jesus não quis auxílio de ninguém nem favor algum. Quis agir sozinho e pelo Poder do seu Amor. Transformou a substância de elementos materiais no seu Corpo e no seu Sangue, e por essa Transubstanciação operou o grande prodígio de sua glória – a instituição da Eucaristia. Assim também a alma eucarística não deve, nem pode alcançar êxito senão pela destruição de todo meio humano. No Reinado eucarístico de Jesus os amigos devem retirar-se, abandonar a alma a si mesma, assim como os discípulos abandonaram a Jesus, quando lhes prometeu a Eucaristia. Os recursos e as proteções que o mundo lhes oferece devem recuar ante a mesa da Ceia, ante a operação da Graça divina.

Jesus Cristo quis ter auxiliares nos outros Mistérios de sua vida. Sua Mãe, seus precursores, seus apóstolos. Para acompanhá-lo ao Calvário quis um cireneu; para ser crucificado, quis carrascos. Mas no seu Reinado eucarístico, Jesus quer agir a sós, triunfar a sós. Não quer repartir com pessoa alguma essa glória.

II

Reinado eucarístico pela humilhação.

Jesus conserva e aperfeiçoa o seu Reinado eucarístico pela morte e pela humilhação.

Na Eucaristia só permanece a forma, a cor e o gosto do pão, numa palavra, aparências sem objeto. É a morte total e absoluta. Nos outros casos, a morte conserva sempre a sua substância primeira, embora sem vida. Não fica à arvore abatida, a sua matéria, porém sem seiva?

Na Eucaristia, Jesus torna-se minha vida interior, o sol do meu espírito, o céu do meu coração e de minha alma. Mas exteriormente deixa-me as insígnias de minha pobreza, a túnica de minha miséria, as cicatrizes de minhas enfermidades passadas.

Ele quer que eu me lembre sempre de minha condição primitiva, do estado de que saí pela sua Graça, para não vir a me orgulhar de minha nova vocação, qual outra Vasti, esposa do rei Assuero.

Jesus cobre-me com o manto de sua humilhação, do seu nada para que o mundo me esqueça, me despreze. Então poderei passar, são e salvo, por entre os inimigos de sua glória, que lha querem roubar.

Jesus quer-me, portanto, exteriormente pobre, fraco, miserável, aniquilado, e interiormente, ardente, rico, celeste, à semelhança de Maria, possuindo a Jesus na Encarnação, ou da alma amante possuindo-o na Comunhão.

Começa, então, e de fato, o Reino cabal de Jesus, depois do qual só nos resta o Reino do Céu!

Via-Sacra Eucarística

São Pedro Julião Eymard colocava a Via-Sacra entre os exercícios mais importantes dum retiro.

Uma longa experiência lhe ensinara a procurar nas Chagas de Jesus o perdão e o repouso bem como todas as Graças de que a alma, em retiro, está sequiosa. Ele próprio, até sua morte, fazia todas as noites a Via-Sacra, embora o dia fora muito cheio e o deixara muito fatigado. Avaliava bem, portanto, o valor daquilo que recomendava. É que, para citar a Imitação, "na cruz a salvação, na cruz a vida, na cruz o asilo contra os inimigos, na cruz a doçura celeste, na cruz a força da alma, na cruz a alegria do espírito" (Livro II, cap. XII, n. 2).

Para a alma eucarística, porém, o Calvário é o Altar, enquanto o divino Crucificado é Jesus-Hóstia. Ela ouve em redor de si o rugir do povo contra Aquele que, por única resposta, tem o silêncio do cordeiro. Descobre o ardil dos escribas e fariseus. Conhece os mercados desses novos Judas que, no momento em que se dá a eles no beijo da Comunhão, vendem o bom Mestre aos seus vícios, ao seu interesse, ao demônio que lhe reside na alma. Ela vê todos os dias a Jesus na sua Eucaristia abandonado e renegado pela covardia e pelo respeito humano. A Eucaristia é a Paixão sempre continuada, sempre renovada!

A diferença está em que a via dolorosa eucarística atravessa o mundo todo, cortando-o por todos os lados, e que este drama dura há mais de dezenove séculos!

Mas, como será se Jesus, no Santíssimo Sacramento está glorioso, imortal, impassivo? Por que contemplar padecendo aquele que já não padece mais, e humilhado aquele que reina qual soberano triunfador?

Ah! Felizmente Jesus-Eucaristia não pode mais morrer e o ódio dos homens só uma vez, em Jerusalém, se pôde saciar de sua Pessoa sagrada. Que sacerdote ousaria fazer Jesus descer num Altar que lhe seria um sangrento Calvário?

Mas será que os pecados, os insultos e os sacrilégios ferem com menor agudeza o Coração sempre vivo de Jesus-Hóstia por não mais o atingirem fisicamente as torturas que lhe querem impor nossos braços de carne?

Não se esforçam os homens, movidos por raiva infernal, por atormentá-lo de todo o modo?

É que a Paixão continua por culpa nossa. Continua por parte dos carrascos que, lançando-se sobre uma Vítima incessantemente imolada pelos seus esforços, se esquiva habilmente dos seus golpes e encontra em si, fonte inesgotável que é, uma Vida imortal e gloriosa.

Quão misteriosos são os sofrimentos eucarísticos de Jesus! Sofre enquanto Deus, irrita-se, comove-se enquanto Deus, sem que tais sentimentos possam em nada alterar-lhe a felicidade ou diminuir-lhe a alegria.

Se não pode mais sofrer atualmente, no entanto, ao instituir o Sacramento, contemplou o quadro dos ultra-

jes, insultos e profanações que viriam assaltá-lo no correr dos séculos. Pelo conhecimento que tinha das coisas futuras, viu minuciosamente as indiferenças, os sacrilégios e as profanações que lhe reservavam nossa malícia, com todos os seus requintes, por mais secretos e cruciantes. Viu tudo e tudo sentiu. E seu Coração padeceu. Nesse só instante concentrou todas as angústias porque teria tido de passar, se tivesse permanecido passivo, exposto aos nossos golpes, nesse prolongado martírio, pelo qual a ingratidão dos homens e o furor dos demônios querem, porém em vão, fazê-lo passar.

O laço entre o Calvário e a Eucaristia é tão estreito que, de fato, nenhuma alma se pode chegar a Jesus-Hóstia, numa união um tanto íntima, sem logo sentir a necessidade de consolá-lo, de compadecer-se de suas Dores, cujas razões, sua inteligência não alcança, mas seu coração lhe afirma existirem.

Meditar em Presença do Santíssimo Sacramento na Paixão tal qual se desenrolou em Jerusalém, não lhe basta. Seu coração lhe diz que a Paixão continua sempre. É da Paixão eucarística de Jesus que a alma se quer compadecer.

Inspiração suave, que tanto prazer deve causar ao Coração de Jesus! Compaixão de que tão raras vezes é objeto por parte dos seus filhos desatentos, como no-lo revelam suas queixas angustiosas a Margarida Maria.

Quanto a nós, ávidos de conhecer o Mistério da Eucaristia sob todos os seus aspectos, cabe-nos a bela missão de meditar freqüentemente na Paixão eucarística e compadecer-nos de tantos ultrajes e profanações, chorá-los e dedicar-nos a reparâ-los. Se Jesus não sofre mais atualmente, quer, todavia, sofrer em nós e continuar em seus membros, pela glória de Deus e pela salvação das almas, o martírio que Ele, chefe glorioso, padeceu tão generosamente em primeiro lugar para dar-nos o exemplo e abrir-nos o caminho.

Os pensamentos, repassados de piedade, de São Pedro Julião Eymard, contribuirão para nos guiar na meditação dos sofrimentos eucarísticos, quer deles nos utilizemos durante a hora de adoração, quer os meditemos no percurso das quatorze estações que compõem a Via-Sacra. Por isso acrescentamos o Pater, a Ave, o Glória, bem como os versetos que de ordinário se recitam ao fazer-se tão piedoso exercício.

※

Primeira estação

Jesus é condenado à morte

V. *Nós Vos adoramos, Senhor Jesus Cristo, e vos bendizemos*

R. *Porque pela Vossa Santa Cruz remistes o mundo.*

Jesus é condenado pelos seus, por aqueles mesmos a quem tanto favoreceu. É condenado como sedicioso – quando é a própria Bondade. Como ambicioso – quando se pôs em último lugar. E é condenado à morte da cruz, qual último dos escravos.

Jesus aceita com amor essa sentença de morte. Foi para sofrer e morrer que baixou à terra e desta forma ensinar-nos a nós, também, a sofrer e morrer.

Jesus é ainda condenado à morte na santa Eucaristia. É condenado, nas suas Graças, que são desprezadas; no seu Amor, que é desconhecido; no seu estado sacramental, que é negado pela incredulidade e ultrajado pelo sacrilégio. Pela Comunhão indigna, o mau cristão vende Jesus Cristo ao demônio, entrega-o às suas paixões, põe-no aos pés de satanás, que reina no seu coração, e crucifica-o no seu corpo de pecado.

Os maus cristãos maltratam ainda mais a Jesus que os judeus. Em Jerusalém, foi condenado uma só vez. No Santíssimo Sacramento, no entanto, é condenado todos os dias, em milhares de lugares e por um número assustador de juízes iníquos.

E todavia Jesus deixa-se insultar, desprezar, condenar. E continua sempre sua Vida sacramental, a fim de nos mostrar que o Amor que nos tem é incondicional e sem reserva.

Ó meu Jesus, perdão mil vezes perdão por tantos sacrilégios. Se minha consciência me acusa de tão grande pecado, quero passar o resto de minha vida em reparação, amando-vos e honrando-vos por aqueles que vos desprezam. Ah! Concedei-me a Graça de morrer convosco!

Pai-Nosso, Ave-maria e Glória-ao-Pai.

V. Senhor, tende piedade nós

R. *Tende piedade de nós*

As almas dos fiéis defuntos pela misericórdia de Deus descansem em paz.

Santa Mãe, dá-me isto:
Trazer as Chagas de Cristo
Gravadas no coração!

※

Segunda estação

Jesus leva a Cruz

V. *Nós Vos adoramos, etc.*

Em Jerusalém, os judeus impõem a Jesus uma cruz pesada e ignominiosa. A cruz era, naquela época, o instrumento com que se supliciavam os últimos dos homens. E Jesus acolhe tão pesada Cruz com júbilo. Recebe-a com carinho. Beija-a com amor. Leva-a com doçura.

Ele quer, deste modo, no-la suavizar e moderar, no-la tornar doce e amável. Quer deificá-la com o seu Sangue.

No divino Sacramento do Altar, os maus cristãos impõem a Jesus uma cruz que, para o seu Coração, é bem mais pesada, bem mais ignominiosa ainda. E esta cruz são as irreverências, nos santos lugares, a dissipação do espírito, a frieza do coração em sua Presença, a tibieza da devoção. Quão humilhante é para Jesus essa cruz que se compõe de filhos tão pouco respeitosos, de discípulos tão miseráveis.

E no seu Sacramento, Jesus ainda leva as minhas cruzes. Coloca-as no seu Coração para santificá-las. Cobre-as com seu Amor, imprime-lhes o seu beijo, a fim de torná-las amáveis, mas quer que eu as leve para Ele e lhas ofereça. Aceita as confidências de minha dor, tolera as lágrimas que derramo sobre minhas cruzes, agrada-se do amparo e do consolo que lhe venho pedir.

Ah! quão leve se torna a cruz banhada na Eucaristia! Quão bela e quão radiosa nos chega através do Coração de Jesus! Quão bom nos é recebê-la de suas Mãos, beijá-la ao seu exemplo. Na Eucaristia, irei, portanto, me refugiar nas minhas aflições, irei procurar consolo e força e aprender a sofrer e a amar.

Perdão, Senhor, perdão por aqueles que não vos têm respeito ao vosso Sacramento do Amor. Perdão pelas minhas indiferenças e distrações em vossa santa Presença. Quero amar-vos e amo-vos de todo o coração.

Pai-Nosso, etc.

※

Terceira estação

Jesus cai pela primeira vez

V. *Nós vos adoramos, etc.*

Jesus perdera tanto Sangue na sua Agonia que durou três horas, bem como na sua rude Flagelação, e ficara tão enfraquecido no correr da noite cruel que passara entregue aos seus inimigos que, depois de caminhar alguns momentos, cai prostrado sob o peso da Cruz!

Se Jesus-Eucaristia cai por terra nas santas parcelas tantas vezes sem que ninguém disto se aperceba, quantas vezes não cai de dor ao ver o pecado mortal macular uma alma. E quão mais doloroso é ainda para Jesus cair num coração infantil que o recebe indignamente quando a ele se chega pela primeira vez. É cair num coração de gelo que o fogo do seu Amor não consegue fundir, num espírito orgulhoso e dissimulado que seu Poder não consegue tocar, num corpo humano que não passa dum túmulo cheio de podridão.

Ah! Jesus chega-se à alma nesse primeiro encontro com tanto Amor e é tão mal recebido! Uma alma de criança e já tão pecaminosa! Ser tão moço, e já ser um Judas! Ah! quão sensível é ao Coração de Jesus o crime duma Primeira Comunhão sacrílega!

Ó Jesus! Obrigado pelo Amor que me testemunhastes na Primeira Comunhão, Amor que nunca hei de esquecer. Sou vosso, todo vosso, e vós sois todo meu. Fazei de mim o que quiserdes.

Pai-Nosso etc.

※

Quarta estação

Jesus encontra sua santa Mãe

V. *Nós Vos adoramos, etc.*

Maria acompanha a Jesus no caminho do Calvário, sua Alma, então, passa por um verdadeiro martírio. E, porque muito ama, muito também se compadece.

Infelizmente, hoje em dia, Jesus-Eucaristia, não encontra quem o console, como Maria, encontra, pelo contrário, e por entre os filhos do seu Amor, as esposas do seu Coração, os ministros de suas Graças, muitas almas que se unem aos seus carrascos para humilhá-lo, blasfemando o seu Nome e renegando a sua Pessoa.

Ah! quantos o renegam, quantos apostatam, quantos abandonam o serviço e o amor da Eucaristia, se esse serviço lhes pedir um sacrifício maior, um ato de fé prático!

Ó Jesus! doce Salvador de minha alma, quero seguir-vos humilhado, insultado, maltratado, a exemplo de Maria minha Mãe e reparar pelo meu amor tantos crimes!

Pai-Nosso etc.

✻

Quinta estação

O Cireneu ajuda Jesus a levar a Cruz

V. *Nós Vos adoramos, etc.*

Jesus, enfraquecido cada vez mais, dobra sob o seu fardo. Os judeus, ansiosos por fazê-lo morrer na cruz, para que atingisse o auge da humilhação, pediram a Simão, o Cireneu, que ajudasse a levar a Cruz. Simão quis se esquivar, mas foi constrangido a carregar esse instrumento, que lhe parecia tão ignominioso. Submeteu-se e mereceu que Jesus lhe tocasse o coração, convertendo-o.

Jesus, no seu Sacramento, chama os homens a si e mui poucos respondem ao seu apelo. Convida-os a participar do Banquete eucarístico e eles encontram mil pretextos para recusar. A alma ingrata e infiel também recusa a Graça de Jesus Cristo, dom por excelência do seu Amor, deixando-o só e abandonado, enquanto as suas Graças, que quisera derramar em abundância, são desprezadas. Ah! tem-se medo do seu Amor.

Em lugar do respeito que lhe é devido, Jesus só recebe, a maior parte das vezes, irreverências. Envergonha-nos encontrá-lo nas ruas e fugimos logo que o avistamos, por não ousarmos dar-lhe um testemunho aberto da nossa fé.

Ó meu divino Salvador, será possível que assim seja? Infelizmente é verdade e sinto já remorsos de consciência. Quantas vezes, preso ao que me agradava, recusei ouvir vosso apelo. Quantas vezes, para não ser obrigado a me corrigir, rejeitei o convite tão cheio de amor quanto honroso para mim, em que pedíeis para assentar-me à vossa Mesa. Arrependo-me do fundo do coração. Compreendo que é melhor deixar tudo a deixar, por culpa própria, uma só Comunhão, a maior e mais amável das Graças. Esquecei o passado, doce Salvador, e recebei e guardai vós mesmo as resoluções que faço para o futuro.

Pai-Nosso etc.

✳

Sexta estação

Verônica enxuga o Rosto de Jesus

V. *Nós Vos adoramos, etc.*

A Face do Salvador não se assemelha mais a uma face humana. Está coberta de Sangue. Os carrascos cospem nela, cobrem-na com lodo. E, Ele, o esplendor de Deus, torna-se irreconhecível. Seu Rosto divino está todo maculado.

Mas, eis que, sob tão vil aspecto, Verônica reconhece o seu Salvador e seu Deus, e, cheia de coragem, afronta a soldadesca. Vem, movida por compaixão, enxugar a Face augusta de Jesus, que, para recompensá-la, imprime os seus traços na toalha com que Verônica lhe presta tão piedoso serviço.

Ah! divino Jesus, quão ultrajado, insultado e profanado sois no vosso Adorável Sacramento! E onde encontrar as Verônicas compassivas que vêm reparar tamanhas abominações? Ah! quanto nos entristece e nos apavora tão grande número de sacrilégios cometidos com tanta facilidade contra o augusto Sacramento. Dir-se-ia que

Jesus Cristo, entre nós, não passa dum simples estrangeiro, indiferente, desprezível, mesmo.

Vela, é verdade, sua Face sob a nuvem de espécies bem fracas e humildes. E fá-lo para que nosso amor possa descobrir, pela fé, seus traços divinais.

Creio, Senhor, que sois o Cristo, o Filho do Deus vivo, e adoro vossa Face adorável, cheia de Glória e de Majestade, oculta pelo véu eucarístico. Dignai-vos, Senhor, imprimir vossos traços no meu coração a fim de que, por toda a parte, eu leve comigo a Jesus, e Jesus-Eucaristia.

Pai-Nosso etc.

∗

Sétima estação

Jesus cai pela segunda vez

V. *Nós Vos adoramos, etc.*

Apesar de Simão ajudá-lo a carregar a Cruz, Jesus, pela sua fraqueza, cai uma segunda vez, e isto lhe causa novos sofrimentos. Seus Joelhos, suas Mãos se diláceram por tantas quedas no caminho árduo que segue, enquanto aumentam os maus-tratos ao aumentar a raiva dos carrascos.

Ah! que vale o auxílio do homem se não tivermos o de Jesus Cristo! E quantas quedas esperam aqueles que só se apóiam em meios humanos!

Todos os dias – e quantas vezes por dia! – o Deus da Eucaristia cai pela Comunhão em corações covardes e tíbios, que o recebem sem preparo, guardam-no sem piedade, deixam-no ir sem um ato sequer de amor ou gratidão. Se, portanto, Jesus, ao visitar-nos, permanece de mãos atadas, é devido à nossa tibieza.

Quem ousaria receber uma alta patente da terra com o pouco caso com que recebemos diariamente o Rei do Céu?

Divino Salvador, quero fazer ato de desagravo por todas as minhas Comunhões tíbias e sem devoção. Viestes a mim um sem-número de vezes. Agradeço-vos de coração e quero, para o futuro, ser-vos fiel. Dai-me o vosso Amor e de nada mais precisarei.

Pai-Nosso etc.

※

Oitava estação

Jesus consola as piedosas mulheres

V. *Nós Vos adoramos, etc.*

Tendo o Salvador por missão, nos dias de sua Vida mortal, consolar os aflitos e os abandonados, quer ser fiel a este dever até no meio dos maiores sofrimentos. Ao aproximarem-se as piedosas mulheres que choravam suas Dores e sua Paixão, esquece-se de Si mesmo para enxugar-lhes as lágrimas. Que excesso de Bondade!

Jesus, no seu divino Sacramento, raramente tem quem o venha consolar do abandono dos seus, dos crimes de que é objeto. Permanece só, dia e noite. Se seus Olhos ainda pudesse chorar, quantas lágrimas não derramaria pela ingratidão dos seus filhos, pelo desamparo em que o deixam. Se seu Coração ainda pudesse sofrer, quantos tormentos não havia de padecer, vendo-se abandonado até pelos próprios amigos! Mas, pelo contrário, apenas nos chegamos a ele, acolhe-nos com Bondade, ouve-nos as queixas, presta atenção à nossa miséria, contada, por vezes, longa e egoisticamente, esquecendo-se a si mesmo para consolar-nos, para refazer-nos.

Divino Salvador, por que procuro eu tantas vezes as consolações humanas, em lugar me dirigir a vós? Ah! quanto deve isto ferir-vos o Coração, tão cioso do meu! Sede, Jesus, na vossa Eucaristia, o único consolo, o único confidente de minha alma. Uma palavra, um Olhar todo de Bondade bastam-me. Possa eu amar-vos de todo coração, e então, fazei de mim o que quiserdes.

Pai-Nosso etc.

※

Nona estação

Jesus cai pela terceira vez

V. *Nós Vos adoramos, etc.*

Que sofrimento nessa terceira queda de Jesus! O peso da Cruz esmaga-o e os esforços cruéis dos seus carrascos mal conseguem levantá-lo.

Jesus, antes de ser elevado na Cruz, quer cair uma terceira vez e assim dizer-nos de certo modo quanto sente por não poder fazer a volta do mundo com a Cruz às costas.

Jesus virá a mim, em Viático, pela última vez antes de deixar eu também esta terra de exílio. Não me recuseis, Senhor, tão preciosa Graça – a mais preciosa de todas, o complemento de todas as outras.

Seja-me dado, porém, receber-vos piedosamente nessa derradeira Comunhão tão cheia de amor!

Ah! quão terrível é a queda de Jesus ao cair pela última vez no coração dum moribundo impenitente que, a todos os pecados passados, acrescenta o crime do sacrilégio e recebe indignamente aquele que vai brevemente julgá-lo, profanando destarte o Viático de sua salvação.

Quão doloroso lhe deve ser encontrar-se num coração que o detesta, num espírito que o despreza, num corpo de pecado todo entregue a satanás.

E que julgamento terão esses desgraçados? Só a idéia faz tremer.

Perdão, Senhor, perdão por eles. Rogamo-vos por todos os moribundos. Dignai-vos conceder-lhes a Graça de morrer em vossos braços depois de vos ter recebido dignamente no santo Viático.

Pai-Nosso etc.

✻

Décima estação

Jesus é despojado de suas vestes

V. *Nós Vos adoramos, etc.*

Quanto deve sofrer Jesus nesse despojamento cruel e desumano! Arrancam-lhe as vestes presas às suas Chagas, que novamente se rasgam e se abrem.

Quanto deve sofrer na sua modéstia, vendo-se tratado como não se ousaria tratar um escravo vil e miserável, que morre pelo menos na mortalha em que será enterrado.

Jesus é ainda despojado de suas vestes no seu estado sacramental. Não contente de vê-lo despojado, pelo Amor que nos tem, da glória de sua Divindade e da beleza de sua Humanidade, seus inimigos despojam-no ainda da honra que lhe dá o culto, saqueando as Igrejas, profanando os Vasos sagrados, o mesmo Tabernáculo e lançando-o por terra. Está entregue às suas mãos sacrílegas, Ele o Rei e o Salvador de todos os homens, tal qual no dia de sua crucifixão.

Deixando-se despojar de tudo na Eucaristia, quer Jesus reduzir-nos ao estado de pobreza voluntária que não tem mais apego a nada, para então revestir-nos de sua Vida e de suas Virtudes.

Ó Jesus-Eucaristia, sede vós meu único bem!
Pai-Nosso etc.

※

Décima primeira estação

Jesus é pregado na cruz

V. *Nós Vos adoramos, etc.*

Por quantos e tão horríveis tormentos passa Jesus ao ser crucificado! Só um milagre do seu poder fá-lo tudo suportar, sem cair morto.

No Calvário, Jesus está pregado num madeiro inocente e puro. Na Comunhão indigna, é crucificado pelo pecador num corpo de pecado. É atar um corpo vivo a um cadáver em decomposição!

No Calvário, Jesus é crucificado por inimigos declarados. Aqui pelos seus próprios filhos numa hipócrita devoção.

No Calvário, só é crucificado uma vez. Aqui o é todos os dias e por inúmeros cristãos!

Ó meu Salvador, perdão, perdão pela imortificação dos meus sentidos, que ora expiais mui cruelmente!

Quereis pela vossa Eucaristia crucificar minha natureza, imolar incessantemente o velho homem e unir-me à vossa Vida crucificada e ressuscitada. Fazei, Senhor, que me entregue, pois, todo a vós, sem reserva e sem condições.

Pai-Nosso etc.

※

Décima segunda estação

Jesus morre na Cruz

V. *Nós Vos adoramos, etc.*

Jesus morre para nos redimir. E sua derradeira Graça é o perdão aos seus carrascos. Seu derradeiro dom, todo de amor, é sua divina Mãe. Seu derradeiro desejo, a sede de sofrer. Seu derradeiro ato, o abandono de sua Alma e de sua Vida nas mãos do seu Pai.

Na divina Eucaristia, Jesus continua a me testemunhar o mesmo amor que me testemunhou na morte. Imola-se, todas as manhãs, no Santo Sacrifício da Missa, para depois perder sua existência sacramental no coração daquele que o recebe, e, se cair num coração pecaminoso, morrer pela sua condenação.

Da sua Hóstia Santa, ele me oferece as Graças de minha Redenção, o preço de minha salvação, mas, querendo que eu participe de tudo, pede-me para morrer com ele e por ele.

Concedei-me tão grande Graça, ó meu Deus – a Graça da morte ao pecado, e a mim mesmo, a Graça de não mais viver senão para vos amar na vossa Eucaristia.
Pai-Nosso etc.

✷

Décima terceira estação

Jesus é entregue à sua Mãe

V. *Nós Vos adoramos, etc.*

Jesus é descido da Cruz e entregue nos braços de sua divina Mãe, que o aperta junto ao seu Coração, oferecendo-o a Deus, qual Vítima de salvação.

Cabe-nos, agora, oferecer Jesus, Vítima no Altar e nos corações, tanto por nós mesmos como por aqueles que nos são caros. Pertence-nos, é nosso. Deus Pai no-lo dá e Ele dá-se a si mesmo, para que frutifique em nossa alma.

Que desgraça, se um tal Dom, de infinito valor, não realizar o seu fim no meu coração, devido à minha indiferença!

Ofereçamo-nos em união com Maria e roguemos a essa tão boa Mãe que o venha oferecer conosco.
Pai-Nosso etc.

✷

Décima quarta estação

Jesus é depositado no sepulcro

V. *Nós Vos adoramos, etc.*

Jesus quer passar pela humilhação do túmulo, ficando entregue à guarda de soldados inimigos, cujo prisioneiro ainda é.

É na Eucaristia, porém, que Jesus de fato está sepultado. Em vez de ficar três dias, fica para sempre entregue à nossa guarda. Constituiu-se nosso Prisioneiro de Amor.

O corporal envolve-o, qual outro sudário. A lâmpada arde ante seu Altar qual luz à entrada da sepultura. O silêncio de morte reina em redor.

Jesus, entrando em nosso coração pela Comunhão, quer ainda sepultar-se em nós. Saibamos, pelo menos, preparar-lhe uma sepultura honrosa, nova, alva, inteiramente livre de todo afeto terreno e embalsamemo-lo com o perfume das nossas virtudes.

Cheguemo-nos a Ele por aqueles que não se chegam, honrando-o e adorando-o no seu Tabernáculo, consolando-o na sua prisão. E para tal peçamos-lhe a Graça do recolhimento, e da morte ao mundo, a fim de levarmos uma vida toda escondida na Eucaristia.

Pai-Nosso etc.
Salve, ó Cruz, nossa única esperança,
Do mundo, salvação e glória;
Concedei ao justo aumento de graça
E, aos pecadores, perdoai-lhes os pecados.

Índice

Introdução 5
Prólogo 7
Regulamento do retiro 9

PRIMEIRO RETIRO
de sete dias

Meditação preparatória 13

PRIMEIRO DIA
Primeira meditação – Bondade de Deus na minha criação . 15
Segunda meditação – Bondade de Deus na minha
    santificação 16
Terceira meditação – Bondade de Deus na minha
    predestinação à Glória 17
Diretório e Via-Sacra 18

SEGUNDO DIA
Primeira meditação – Deus e o mundo 19
Segunda meditação – Deus misericordioso 20
Terceira meditação – Deus e eu 21
Diretório e Via-Sacra 23

TERCEIRO DIA
Primeira meditação – Jesus chama-me a segui-lo 25
Segunda meditação – Seguir a Jesus com Maria 27
Terceira meditação – Vida de Jesus e de Maria em mim 29
Diretório e Via-Sacra 33

QUARTO DIA
Primeira meditação – Força na confiança em Deus 34
Segunda meditação – Recolhimento exterior 37
Terceira meditação – Recolhimento interior 41
Diretório e Via-Sacra 45

QUINTO DIA
Primeira meditação – O espírito de sacrifício 46
Segunda meditação – Vida simples e retirada de Jesus 50
Terceira meditação – Jesus e a alma pobre 54
Diretório e Via-Sacra 58

SEXTO DIA
Primeira meditação – Jesus, humilde de Coração 59
Segunda meditação – Jesus manso de Coração 62
Diretório e Via-Sacra 66

SÉTIMO DIA
Primeira meditação – Jesus obediente 67
Segunda meditação – Vida eucarística de Jesus 69
Terceira meditação – Meu amor a Jesus na vida e na morte 73

SEGUNDO RETIRO
de seis dias aos religiosos do Santíssimo Sacramento

Meditação preparatória – A Graça do Retiro 79

PRIMEIRO DIA
Primeira meditação – Amor de Deus na minha criação 81

Segunda meditação – Graças de preservação 83
Terceira meditação – Amor de Redenção 85

SEGUNDO DIA
Primeira meditação – Necessidade da Redenção 87
Segunda meditação – Bondade da Paciência de Deus
   Quão bom foi Deus para comigo 89
Terceira meditação – Misericórdia de Deus 91

TERCEIRO DIA
Primeira meditação – Amor de Jesus Cristo 94
Segunda meditação – Dar-se todo a Deus 96
Terceira meditação – Consagrar-se todo ao Serviço de Deus .. 98

QUARTO DIA
Primeira meditação – Jesus, minha lei régia 100
Segunda meditação – Vida de amor 102
Terceira meditação – O santo abandono 104

QUINTO DIA
Primeira meditação – A humildade, primeira virtude do amor 107
Segunda meditação – Amor crucificado 110
Terceira meditação – A santa Vontade de Deus 115

SEXTO DIA
Primeira meditação – O Serviço Eucarístico 117
Segunda meditação – A Eucaristia é minha perfeição 120
Terceira meditação – A Vida Eucarística de Jesus 122

TERCEIRO RETIRO
De oito dias
aos Religiosos do Santíssimo Sacramento sobre a vocação eucarística

Abertura do retiro 127
Meditação preparatória – Fim do retiro 127

PRIMEIRO DIA
Primeira meditação – Da salvação 129
Segunda meditação – Servir a Deus 132
Terceira meditação – Conhecimento de si mesmo 134

SEGUNDO DIA
Primeira meditação – O estado de Graça 137
Segunda meditação – A Vida sobrenatural 140
Terceira meditação – Combates da Vida sobrenatural 142

TERCEIRO DIA
Primeira meditação – O Sacerdócio 145
Segunda meditação – O Serviço de Jesus Cristo 147
Terceira meditação – O Espírito de Jesus no Sacerdote 150

QUARTO DIA
Primeira meditação – Servir a Jesus Cristo com Maria 152
Segunda meditação – As duas classes de serviço 154
Terceira meditação – Sacrifícios da vida religiosa 157

QUINTO DIA
Primeira meditação – Graças da vida religiosa 159
Segunda meditação – O fim da Sociedade do
    Santíssimo Sacramento 162
Terceira meditação – Culto eucarístico 164

SEXTO DIA
Primeira meditação – A Adoração 167
Segunda meditação – Apostolado eucarístico 170
Terceira meditação – Amor de Jesus Eucaristia 172

SÉTIMO DIA
Primeira meditação – Pobreza 176
Segunda meditação – Pureza 178
Terceira meditação – Obediência 181

OITAVO DIA

Primeira meditação – Vida eucarística 184
Segunda meditação – Caracteres da vocação eucarística 187
Terceira meditação – Graça da vocação 190

Conclusão do retiro – Primeira virtude de um postulante:
O dom de si 192

Apêndice – Meios de aperfeiçoamento na Sociedade do
Santíssimo Sacramento 195
I. A sua fundação 196
II. O seu fim 198
III. Os seus meios 200
IV. O seu espírito 201

QUARTO RETIRO
de seis dias
às Servas do Santíssimo Sacramento sobre a vocação eucarística

Abertura do retiro 205
Meditação preparatória – Fim e condições do retiro 205

PRIMEIRO DIA
Primeira meditação – A vida religiosa 206
Segunda meditação – Vida de comunidade 208
Terceira meditação – Vocação eucarística 209

SEGUNDO DIA
Primeira meditação – A adoração 211
Segunda meditação – Segundo fim: ação de graças 212
Terceira meditação – Terceiro fim: a reparação 213

TERCEIRO DIA
Primeira meditação – Quarto fim: a súplica 215

Segunda meditação – Vida interior de Jesus-Eucaristia 217
Terceira meditação – Vida de recolhimento 219

QUARTO DIA
Primeira meditação – Humildade eucarística 221
Segunda meditação – Pobreza eucarística 224
Terceira meditação – Obediência eucarística 226

QUINTO DIA
Primeira meditação – Jesus, Deus de Pureza 228
Segunda meditação – Virtude de caridade 230
Terceira meditação – Jesus vítima 233

SEXTO DIA
Primeira meditação – Fé eucarística 235
Segunda meditação – Virtude da Fé eucarística 237
Terceira meditação – Espírito de Fé eucarística 239

Conclusão do retiro – Jesus-Eucaristia é minha força 242

MEDITAÇÕES SUPLEMENTARES
Da Salvação 245
A lei de amor 247
Graça de santidade 250
Da vida religiosa 253
Reinado eucarístico de Jesus 256

VIA-SACRA EUCARÍSTICA
Primeira estação – Jesus é condenado à morte 264
Segunda estação – Jesus leva a Cruz 266
Terceira estação – Jesus cai pela primeira vez 267
Quarta estação – Jesus encontra sua santa Mãe 268
Quinta estação – O Cireneu ajuda Jesus a levar a Cruz 269
Sexta estação – Verônica enxuga o Rosto de Jesus 270

Sétima estação – Jesus cai pela segunda vez 271
Oitava estação – Jesus consola as piedosas mulheres 272
Nona estação – Jesus cai pela terceira vez 273
Décima estação – Jesus é despojado de suas vestes 274
Décima primeira estação – Jesus é pregado na cruz............ 275
Décima segunda estação – Jesus morre na Cruz.................. 276
Décima terceira estação – Jesus é entregue à sua Mãe 277
Décima quarta estação – Jesus é depositado no sepulcro 277